POPOL VUJ

POPOL VUJ

LIBRO SAGRADO DE LOS MAYAS

VERSIÓN DE
VÍCTOR MONTEJO

·

ILUSTRACIONES
LUIS GARAY

UN LIBRO TIGRILLO
GROUNDWOOD BOOKS
TORONTO VANCOUVER BUFFALO

Groundwood Books/Douglas & McIntyre
585 Bloor Street West
Toronto, Ontario M6G 1K5

Distribuído en los Estados Unidos de América por
Publishers Group West
1700 Fourth Street
Berkeley, CA 94710

Canadian Cataloguing in Publication Data

Montejo, Victor, 1951-
Popol vuj: libro sagrado de los Mayas

Un libro Tigrillo.
ISBN 0-88899-344-7 (bound) ISBN 0-88899-362-5 (pbk.)

1. Quiché mythology — Juvenile literature. 2. Quiché Indians — Religion
— Juvenile literature. I. Garay, Luis, 1965- . II. Title: III. Title: Popol vuh.

F1465.P8M66 1999   j299'.78415   C99-931366-5

Diseño de Michael Solomon
Impreso y encuadernado en China
Printed and bound in China by Everbest Printing Co. Ltd.

ÍNDICE

INTRODUCCIÓN

El Popol Vuj es una joya literaria de los pueblos indígenas de Guatemala. También se le conoce como el Libro Sagrado o la Biblia de los mayas k'iche's. El libro comienza con los relatos de la creación del mundo por la voluntad de Corazón del Cielo, Corazón de la Tierra, que es el nombre que los mayas k'iche's le dan a Dios. El primer intento de la creación no resultó bien y los seres creados fueron destruidos por un diluvio. Luego se narran las historias de Wuqub' K'aqix (Siete Guacamayas) y de sus hijos Sipakna y Kab'raqan que fueron seres vanidosos. Los eventos referidos en esta sección del libro son anteriores a la creación del ser humano. Son relatos míticos sobre seres sobrenaturales como los gemelos prodigiosos.

La segunda parte del libro trata de la lucha de estos héroes gemelos, Junajpu e Ixb'alanke, contra los señores de Xib'alb'a en el inframundo. La tercera parte aborda la creación del hombre de maíz y de sus descendientes que poblaron el mundo. La cuarta parte es la historia del linaje de los reyes k'iche's hasta la llegada de los conquistadores españoles.

El nombre popol vuj viene de las palabras en k'iche', pop, que significa estera—en un sentido metafórico—poder. Vuj o wuj significa papel. Este libro tal vez fue escrito en jeroglíficos en tiempos prehispánicos. Luego, durante la conquista española, la cultura maya fue atacada violentamente y sus códices quemados, pero el contenido del Popol Vuj se mantuvo en la tradición oral. En 1558, el Popol Vuj fue escrito en maya por un indígena que aprendió a usar el alfabeto latino. De esta forma se aseguró la existencia de esta obra sagrada de los mayas. En 1701, el padre Francisco Ximénez la encontró en su parroquia de Santo Tomás en Chichicastenango, Guatemala, y la tradujo al español. Su traducción se perdió durante más de un siglo. En 1854 fue sustraída de la biblioteca de la Universidad de San Carlos de Guatemala y llevada a Europa por el abate Brasseur de Bourbourg, quien la tradujo a su vez al francés y luego vendió el manuscrito a otro coleccionista llamado Alfonso Pinart. A la muerte de éste, su viuda vendió el libro a Edward E. Ayer, quien lo devolvió a América, depositándolo en la biblioteca Newberry de Chicago, donde se encuentra actualmente.

Los relatos míticos e históricos del Popol Vuj hablan del origen y desarrollo de los pueblos mayas en Guatemala. Muchos nombres de lugares mencionados en él, aún existen en la actualidad. Comenzando con la creación del mundo, el Popol Vuj cubre varios milenios de historia de los pueblos indígenas de las Américas. Para los mayas, las enseñanzas de este libro refuerzan su sentido de origen e identidad porque los establece como pobladores originarios de las tierras que ahora habitan. Al reconocer su valor histórico y literario, estamos reconociendo también el valor de la historia, la filosofía, la religión y la literatura de los pueblos americanos. El Popol Vuj debe ser leído con admiración y respeto, pues es la expresión de la religiosidad y visión del mundo de un pueblo digno y orgulloso de las tradiciones milenarias que ha preservado, y que aún conservan su relevancia en la actualidad. Finalmente, el Popol Vuj nos ayuda a entender y valorar los grandes logros de los mayas, que son parte fundamental de nuestra cultura universal.

PRIMERA PARTE
EL PRINCIPIO

●

EL PRINCIPIO

Éste es el principio de las antiguas historias de este lugar llamado K'iche'. Aquí escribiremos y contaremos las historias del origen de las cosas y de la gente que vive en esta nación maya llamada K'iche'. Aquí daremos a conocer el gran relato de la creación. De cómo las cosas que estaban escondidas en la obscuridad, fueron sacadas a la claridad por el Creador y Formador. Éstas son también las palabras y la revelación dadas por el primer abuelo y la primera abuela, cuyos nombres son Ixpiyakok e Ixmukane. Estas historias las escribiremos ya dentro de la ley de Dios y en el cristianismo. Las daremos a conocer porque ya no está el libro antiguo llamado Popol Vuj, donde estaba escrita la historia de la creación y el principio de la vida sobre la tierra. Grande era el relato de cómo fueron formados el cielo y la tierra, y luego divididos en sus cuatro esquinas por el Creador y Formador, el que es padre y madre de la vida; el sabio que ha creado toda la belleza que existe en el cielo, sobre la tierra y en el mar.

LA CREACIÓN DE LA TIERRA

Al principio, todo estaba en suspenso, en calma y en silencio. Todo estaba sin movimiento porque toda la extensión del cielo estaba vacía. No había gente, animales, pájaros, peces, cangrejos, piedras, barrancos ni montañas; solamente el cielo estaba allí, sin nada. La tierra aún no existía y no había nada que pudiera hacer ruido. Todo estaba en silencio y solamente el mar estaba allí, quieto en la obscuridad. Solamente los Creadores y Formadores, Tepew y Q'uk'umatz, estaban sobre las aguas, rodeados de luz y cubiertos con plumas verdes y azules. Ellos eran sabios y grandes pensadores, porque eran los ayudantes de Corazón del Cielo, que es el nombre de Dios. Tepew y Q'uk'umatz se reunieron y juntaron sus palabras y sus pensamientos. Entonces decidieron crear los árboles y los bejucos. Por la voluntad de Corazón del Cielo, que también es llamado Juraqan, ellos crearon las plantas de la obscuridad y dieron vida al ser humano.

Tepew y Q'uk'umatz continuaron conferenciando sobre la vida y la llegada de la claridad. Se preguntaban cómo levantar el alba para que amanezca y haya día; y quiénes cultivarían la tierra para que haya comida y sustento.

"¡Que así sea! ¡Que se llene el cielo vacío! ¡Que las aguas se retiren y que surja la tierra! ¡Que amanezca y que haya claridad en el cielo y sobre la tierra! Nuestra creación no estará completa mientras no exista la criatura humana sobre la tierra". Esto es lo que dijeron.

"¡Tierra!", dijeron, y al instante fue hecha la tierra. Como la neblina o como una nube de polvo, fue la creación; las montañas surgieron de las aguas. De inmediato, y como por arte de magia, se formaron los montes y valles. La tierra fue cubierta con plantas, árboles y bejucos.

Al ver esto, Q'uk'umatz se llenó de alegría y dijo:

"Tu bendición ha sido buena, Corazón del Cielo, y ahora podremos terminar nuestra creación".

De esta forma fueron creados los montes y los valles. Las aguas fueron separadas para formar los mares y los lagos; los ríos buscaron sus cauces en los barrancos, al crearse las altas montañas. Así fue la creación de la tierra, cuando Corazón del Cielo, Corazón de la Tierra meditó y reunió sus pensamientos para que su obra fuese perfecta.

LA CREACIÓN DE LOS ANIMALES

Los Creadores y Formadores se preguntaron: "¿Sólo silencio e inmovilidad habrá bajo los árboles y bejucos? Es conveniente que haya vida en los árboles y en los bosques".

Esto es lo que dijeron y de inmediato crearon a los animales grandes y pequeños que habitarían los árboles y los bosques. Crearon a los venados, a los pájaros y a los jaguares. Luego crearon a las serpientes y a los cantiles que serían los guardianes de los bejucos. Entonces le dieron a los animales un lugar apropiado para vivir.

"Ustedes, los venados, vivirán en las praderas, en los barrancos y en la vega de los ríos. Andarán en cuatro patas, se multiplicarán y habitarán entre las plantas y los árboles de los bosques".

Lo mismo le dijeron a los pájaros: "Ustedes, los pájaros, vivirán en los árboles y bejucos, allí harán sus nidos y se multiplicarán". Esto es lo que le dijeron a los venados y a los pájaros, y a todos los animales cuando les fue dado su lugar para vivir sobre la tierra.

Después, los Creadores y Formadores dijeron:

"Hablen, griten, canten, digan algo de acuerdo con su clase y especie. Digan nuestros nombres y dennos gracias por haberlos creado. Invoquen a los Creadores y Formadores, que son los padres y madres de la vida. Agradezcan al Progenitor, que es Dios, el Corazón del Cielo, Corazón de la Tierra". Así dijeron, pero no lograron que los animales hablaran como los humanos. Los animales trataron de hablar pero sólo chillaban, graznaban, aullaban o rugían. Cada uno producía un grito o ruido diferente.

Cuando los Creadores y Formadores se dieron cuenta de esto, les dijeron: "Hemos cambiado de opinión porque ustedes no han podido hablar. Permanecerán en su misma condición y vivirán en los barrancos y en los bosques. Es lo que merecen porque no han podido hablar y darnos gracias por haberlos creado. Nosotros continuaremos con nuestro trabajo hasta que hagamos una criatura que sea obediente y que nos alabe. De ahora en adelante sus carnes serán trituradas y comidas. Éste es su destino". Esto es lo que le dijeron a los animales grandes y pequeños que habitaban la tierra. Desde entonces la carne de los animales es comestible.

PRIMERA CREACIÓN DEL SER HUMANO: LA GENTE DE BARRO

De nuevo, los Creadores y Formadores trataron de crear al hombre. "¡Probemos otra vez! Está amaneciendo y debemos tener listo al que ha de sustentarnos. ¿Cómo podremos estar seguros de que seremos invocados y

recordados sobre la tierra? Hemos tratado con nuestras primeras criaturas, pero no hemos logrado que nos veneren. Probemos de nuevo, hagamos criaturas inteligentes y respetuosas que nos alaben y nos sustenten".

Comenzó entonces la creación del hombre. Los Creadores y Formadores hicieron de barro el cuerpo del hombre. Pero pronto se dieron cuenta que su obra no era buena, pues de inmediato este hombre comenzó a deshacerse. Su cuerpo era suave y débil. No podía mover los brazos ni tenía visión. Al principio pudo hablar, pero no sentía ni tenía entendimiento. Comenzó a deshacerse en el agua y no pudo caminar ni multiplicarse. Los Creadores y Formadores tuvieron que desbaratar su creación y se reunieron de nuevo. "¿Cómo podremos lograr una criatura perfecta que nos dé gracias y nos alabe?"

SEGUNDA CREACIÓN DEL SER HUMANO: LA GENTE DE MADERA

Entonces pidieron ayuda a los ancianos, el primer abuelo, Ixpiyakok, y la primera abuela, Ixmukane. "Probemos de nuevo, reanudemos la creación", dijeron los Creadores y Formadores a Ixpiyakok, el abuelo del día, e Ixmukane, la abuela del amanecer.

"Hagamos al hombre que nos sustente, que rece, que nos invoque y recuerde. Consúltense, abuelo y abuela; hagan su adivinación con granos de maíz y tz'ite' y decidan cómo debe ser el cuerpo del hombre que ha de crearse".

Entonces Ixpiyakok e Ixmukane hicieron su adivinación diciendo a los granos de maíz y tz'ite': "Únanse y articulen su mensaje. Hablen porque estamos escuchando. Dígannos si es conveniente hacer al hombre de madera tallada. Si el hombre de madera será el sostén y el adorador del Creador cuando amanezca y aclare la faz de la tierra".

Pronto recibieron la respuesta. "Los hombres hechos de madera serán buenos, ellos hablarán y poblarán la tierra", dijeron los granos de maíz y tz'ite'.

Entonces los Creadores y Formadores dijeron:

"Que así sea". Al instante los hombres de madera fueron creados. Se parecían al hombre, hablaban como él y se multiplicaron sobre la tierra. Tuvieron hijas e hijos, pero no tenían alma, ni tenían razón. No se acordaron de sus Creadores y Formadores y anduvieron vagando y gateando por todas partes. Por eso cayeron en desgracia, porque no se acordaron de sus Creadores y Formadores. Pudieron hablar al principio, pero su cara era dura, seca y sin expresión. Sus pies y sus manos no tenían consistencia, pues no tenían sangre ni substancia. Éstos fueron los primeros hombres que habitaron la tierra en gran número.

Un diluvio destruyó a la gente de madera por voluntad de Corazón del Cielo. El cuerpo del hombre fue hecho de tz'ite' y el cuerpo de la primera mujer se hizo de espadaña. Pero estas criaturas no podían pensar ni hablar a sus Creadores y Formadores, por eso fueron condenados a la destrucción. Una lluvia de resina hirviente cayó del cielo y Xek'otk'owach, el zopilote, llegó y les sacó los ojos. Kamalotz, el vampiro, llegó y les cortó la cabeza; y llegó Kotz'b'alam, el jaguar, y los devoró. Tukum b'alam, el puma, llegó también y les quebró los huesos para sacarles el tuétano. Así fueron castigadas estas criaturas, que no pensaron en el Creador que es Corazón del Cielo, también llamado Juraqan. El cielo se obscureció y una lluvia negra comenzó a caer de día y de noche por largo tiempo. Entonces llegaron los animales pequeños y los grandes a castigarlos. Incluso las piedras y los palos comenzaron a golpearlos en la cara. Sus utensilios, sus tinajas, sus comales, sus platos, sus ollas, sus perros, sus piedras de moler, todos se levantaron para castigarlos.

"Ustedes nos causaron mucho daño y nos comieron las carnes. Ahora los vamos a morder", les dijeron sus perros y los otros animales.

Las piedras de moler reclamaron: "Ustedes nos atormentaron de día y de noche. Cada mañana, holi, holi, huki, huki, molían el maíz sobre nuestras caras. Ahora que ustedes han caído en desgracia sentirán el dolor de ser molidos, pues convertiremos en polvo sus carnes".

Los perros también les dijeron: "¿Por qué no nos daban de comer? Nos sentábamos allí esperando alguna comida, pero nos sacaban a gritos de la casa. Siempre había un palo cerca de ustedes para golpearnos si nos acercábamos mucho cuando comían. Así es como nos trataron porque no podíamos hablar o quejarnos de sus abusos. ¿Por qué no reaccionaron y pensaron en ustedes mismos y en su futuro? Ahora los destruiremos y los morderemos".

También los comales y las ollas los acusaron.

"Ustedes nos causaron mucho dolor y sufrimiento. Nuestras caras están negras porque nos dejaban quemando sobre el fuego todo el tiempo. Ahora les toca a ustedes sufrir", les dijeron a los hombres de madera, mientras les golpeaban la cara.

Los hombres de madera huyeron en todas las direcciones. Trataron de subirse a los techos de las casas, pero éstas se caían y los aventaban al suelo. Se treparon a los árboles, pero éstos sacudían sus ramas, lanzándolos lejos. Quisieron esconderse en las cuevas, pero éstas se cerraban para que no entraran.

De esta forma fueron destruidos los hombres de madera. Se dice que sus descendientes son los monos que viven ahora en los árboles. Por eso los monos se parecen a los hombres, porque son los sobrevivientes de la generación de los hombres hechos de madera por los Creadores y Formadores.

SEGUNDA PARTE:
LOS GEMELOS PRODIGIOSOS

● ●

LA SOBERBIA DE WUQUB' K'AQIX

Todo lo que se cuenta aquí pasó antes de la creación del ser humano, cuando los semidioses o seres sobrenaturales creados por Corazón del Cielo, Corazón de la Tierra tuvieron discordias entre sí.

Existía ya el cielo y la tierra pero aún no había sol ni luna. Sin embargo, había un ser llamado Wuqub' K'aqix, que se enorgullecía de sí mismo diciendo: "Yo soy el ser más grande que se ha creado. Yo soy el sol, soy la luna, grande es mi esplendor. Mis ojos son de plata y brillan como piedras preciosas. Cuando camino, la tierra se ilumina porque yo soy el sol y la luna, pues mi vista alcanza muy lejos".

En realidad, Wuqub' K'aqix no era el sol ni la luna, solamente se enorgullecía de sus plumas y su riqueza. Aún no había amanecido, por eso se vanagloriaba de ser el sol y la luna. Su única ambición era engrandecerse y dominar sobre la tierra.

Entonces Junajpu e Ixb'alanke, los prodigiosos semidioses gemelos, decidieron castigar a Wuqub' K'aqix por su soberbia.

"No conviene que haya soberbia cuando aún no existe el hombre sobre la tierra. Le tiraremos con nuestras cerbatanas y le causaremos alguna enfermedad, y entonces se acabarán sus riquezas, su poder y su soberbia".

Wuqub' K'aqix tenía dos hijos, llamados Sipakna y Kab'raqan, y la madre de éstos se llamaba Chimalmat. Sipakna se ocupaba de hacer crecer los montes y volcanes, mientras Kab'raqan se encargaba de hacer temblar la tierra produciendo terremotos. Wuqub' K'aqix y sus dos hijos proclamaban su poder y su orgullo:

"¡Escuchen todos, yo soy el sol!", decía Wuqub' K'aqix.

"¡Yo soy el que hizo la tierra!", decía Sipakna.

"¡Yo soy el que sacude el cielo y hace temblar la tierra!", decía Kab'raqan.

Así se jactaban Wuqub' K'aqix y sus hijos, lo cual vieron mal los gemelos Junajpu e Ixb'alanke. Esto sucedió cuando aún no se habían creado nuestros primeros padres.

Wuqub' K'aqix llegaba todos los días a comer frutas del árbol de nance y allí fue donde los gemelos lo esperaron con sus cerbatanas. Los muchachos se escondieron entre los matorrales y desde allí apuntaron a Wuqub' K'aqix, quien se hallaba trepado en el árbol de nance. Junajpu le lanzó un bodocazo con su cerbatana pegándole en la quijada. Wuqub' K'aqix se desprendió del árbol y cayó al suelo dando gritos de dolor.

Junajpu fue corriendo a capturar a Wuqub' K'aqix, pero éste le arrancó un brazo. Wuqub' K'aqix se fue a su casa gritando de dolor y con el brazo de Junajpu. "¿Qué ha pasado?", preguntó Chimalmat, su esposa.

"Esos dos muchachos malvados me tiraron con su cerbatana y me dislocaron la quijada. Pero aquí traigo el brazo de uno de ellos y lo pondremos sobre el fuego. De seguro ellos vendrán a rescatarlo".

Después de meditarlo, los gemelos fueron a pedir ayuda a dos ancianos que tenían el pelo canoso y el cuerpo encorvado. El anciano se llamaba Saqi Nim Ak' y la anciana Saqi Nima Tz'i'. Los muchachos les dijeron:

"Acompáñenos a traer nuestro brazo a la casa de Wuqub' K'aqix. Le dirán que nosotros somos sus nietos y que nuestros padres han muerto. Le dirán que nosotros los seguimos a donde quiera que vayan, pues su oficio es sacar el gusano que causa el dolor de muelas".

Los ancianos aceptaron y se pusieron en camino seguidos por los muchachos que iban jugando detrás de ellos. Cuando llegaron a la casa de Wuqub' K'aqix, lo vieron recostado en su trono quejándose del dolor.

Al ver a los viejos, les preguntó: "¿De dónde vienen ustedes, abuelos? ¿Son éstos sus hijos?"

Los viejos contestaron: "Andamos buscando trabajo pues somos curanderos, y éstos son nuestros nietos y les damos de comer lo que conseguimos."

"¿Qué es lo que saben curar? Tengan lástima de mí", les suplicó Wuqub' K'aqix.

"Señor, nosotros sacamos el gusano de las muelas, curamos los ojos y ponemos los huesos en su lugar".

"Muy bien, les pido que me curen los dientes porque me duelen de día y de noche. Esto fue culpa de dos muchachos malvados que me tiraron un bodocazo y ahora no puedo comer ni dormir".

"Está bien, ha de ser un gusano el que está causando el dolor. Le sacaremos las muelas y pondremos otras en su lugar", respondieron los viejos.

"No quiero que me saquen los dientes porque su brillo me hace sentir importante y poderoso", respondió Wuqub' K'aqix.

"No habrá problema porque pondremos otros en su lugar".

Los ancianos le sacaron los dientes y en su lugar le pusieron granos de maíz blanco. Con esto, el brillo de Wuqub' K'aqix se opacó y perdió su poder. También le sacaron las niñas de sus ojos y le quitaron sus piedras preciosas; así perdió su brillo y su riqueza. Así Junajpu recuperó su brazo y Wuqub' K'aqix fue vencido, según la voluntad de Corazón del Cielo.

SIPAKNA, EL GIGANTE DE LAS MONTAÑAS

Ahora contaremos lo que le sucedió a Sipakna, el hijo mayor de Wuqub' K'aqix. Sipakna se enorgullecía de sí mismo diciendo: "Yo soy el creador de las montañas". Mientras se bañaba en las aguas de un río, pasaron cuatrocientos muchachos arrastrando un gran palo que les iba a servir de viga para construir su casa.

Sipakna les preguntó: "¿Qué están haciendo, muchachos?"

"Estamos tratando de levantar este palo, pero no podemos".

"Yo lo levantaré y lo llevaré a donde ustedes quieran. ¿Para qué les va a servir?"

"Lo queremos para viga de nuestra nueva casa", respondieron ellos.

Sipakna levantó el palo y lo llevó sobre sus hombros hasta el patio de la casa de los cuatrocientos muchachos. Entonces ellos le preguntaron: "¿Tienes padre y madre?"

"No tengo", dijo Sipakna.

"Entonces quédate con nosotros. Mañana iremos a traer otro palo para construir nuestra casa".

"Está bien", dijo Sipakna.

Los muchachos se reunieron para decidir qué hacer con Sipakna.

"¿Qué haremos con este muchacho tan fuerte? Él levantó la viga solo y eso no es bueno. Tiene demasiada fuerza y poder y ahora habrá que matarlo. Haremos un hoyo muy profundo y le pediremos que baje a sacar la tierra del fondo. Cuando Sipakna esté allá abajo, soltaremos sobre él un gran palo y morirá aplastado".

Los cuatrocientos muchachos hicieron un gran hoyo y cuando habían terminado de excavar, llamaron a Sipakna:

"Ayúdanos a sacar la tierra del fondo del hoyo, pues está demasiado profundo y no podemos alcanzarla".

"Está bien", dijo Sipakna y bajó al hoyo a excavar.

"¿Ya has terminado?", le gritaron.

"Casi estoy terminando", respondió desde el fondo.

En realidad, Sipakna estaba haciendo un túnel para liberarse, pues había oído que los muchachos querían matarlo.

Entonces, cuando estuvo a salvo, gritó a los muchachos que ya había terminado de excavar el hoyo. Al oír su voz, ellos soltaron el enorme palo, que cayó con gran estruendo en el hoyo. Los cuatrocientos muchachos permanecieron en silencio. En esos momentos Sipakna soltó un solo grito desde el fondo del hoyo y nada más.

Los muchachos se alegraron y dijeron: "Nuestro plan resultó bien. Si se hubiera quedado entre nosotros nos habría hecho mucho daño porque es demasiado fuerte y poderoso. Ahora haremos chicha y la fermentaremos durante tres días. Al tercer día haremos una fiesta y la beberemos. Mañana y pasado mañana veremos si las hormigas comienzan a surgir del hoyo con pedazos de su cuerpo putrefacto. Entonces estaremos seguros y beberemos sin cuidado".

Sipakna oía todo lo que decían los muchachos desde su escondite en el hoyo. Con los dientes se cortó las uñas y el cabello para dárselas a las hormigas. Al ver que éstas sacaban del hoyo los pedazos de uña y pelo, los muchachos gritaron con alegría.

"Ahora estamos seguros de que murió ese malvado. Qué bien resultó nuestro plan".

Entonces comenzaron la fiesta y tomaron la chicha hasta emborracharse.

No se dieron cuenta cuando Sipakna salió del hoyo y derribó la casa sobre sus cabezas. De esta forma los cuatrocientos muchachos murieron bajo el techo que se desplomó sobre ellos. A su muerte, los cuatrocientos muchachos subieron al cielo y se convirtieron en estrellas. Ellos forman la constelación de las Siete Cabrillas, que en lengua maya se llama Motz y significa grupo o montón.

LA MUERTE DE SIPAKNA

Ahora contaremos cómo los dos gemelos, Junajpu e Ixb'alanke, mataron a Sipakna porque se enojaron al saber de la muerte de los cuatrocientos muchachos.

Sipakna vivía a orillas de los ríos buscando peces y cangrejos para comer. Los gemelos pensaron de inmediato en tenderle una trampa con un enorme cangrejo falso. Las tenazas fueron hechas con la flor de ek', la concha se hizo de una laja de color rojo. Luego, depositaron el cangrejo en una gruta al pie del cerro Meaván.

Junajpu e Ixb'alanke fueron a buscar a Sipakna y lo encontraron en la orilla de un río.

"¿A dónde vas?", le preguntaron.

"No voy a ninguna parte, sólo ando buscando mi comida", respondió Sipakna.

"¿Y cuál es tu comida?"

"Sólo pescado y cangrejos, pero aquí no puedo encontrar nada. Hace dos días que comí y ahora estoy muy hambriento", les dijo Sipakna.

"Allá en el fondo del barranco vimos un cangrejo enorme que sería un buen bocado para ti. Quisimos agarrarlo pero nos mordió y nos dejó con miedo", dijeron Junajpu e Ixb'alanke.

"Tengan lástima de mí. Por favor, enséñenme dónde está ese cangrejo", dijo Sipakna.

"No queremos regresar a ese lugar, pues nos da miedo. Ve tú, que no te perderás. Camina río arriba y allí lo encontrarás haciendo ruido en esa cueva debajo del cerro".

"Pobre de mí, no lo podré encontrar si ustedes no me enseñan el lugar.

Si me acompañan, les mostraré un sitio donde hay muchos pájaros que podrán cazar con sus cerbatanas".

"Si te animas a agarrar ese cangrejo te enseñaremos el lugar. Nosotros no queremos regresar ahí por gusto. Tendrás que entrar boca abajo arrastrándote dentro de la cueva para poder agarrarlo", le dijeron. Así convencieron a Sipakna de ir al lugar donde habían tendido la trampa.

"Está bien", dijo Sipakna y siguió a los muchachos hasta el barranco al pie de la montaña. Allí vió al cangrejo arrastrándose en la cueva y con la concha muy colorada. Sipakna entró a la cueva para tratar de agarrarlo, pero el cangrejo retrocedía hacia el fondo, escondiéndose.

"Ya lo quisiera tener en la boca," dijo Sipakna, muy hambriento.

Poco después, Sipakna salió de la cueva y los muchachos le preguntaron: "¿Ya lo agarraste?"

"No, porque se escurrió más adentro. Será mejor que entre de espaldas, boca arriba, para agarrarlo", dijo Sipakna.

Sipakna entró a la cueva boca arriba, arrastrándose de espaldas. Cuando ya sólo se le veían los pies, el gran cerro se desplomó sobre su pecho, aplastándolo. Sipakna ya no salió con vida de la cueva y se dice que se convirtió en piedra. Así fue como Sipakna fue vencido por Junajpu e Ixb'alanke al pie del cerro Meaván.

KAB'RAQAN, EL SEÑOR DE LOS TERREMOTOS

El tercer soberbio fue Kab'raqan, el segundo hijo de Wuqub' K'aqix. "Yo soy el que desploma los cerros", se jactaba.

Entonces Corazón del Cielo le dijo a Junajpu e Ixb'alanke que Kab'raqan también debía ser destruido.

"Que el segundo hijo de Wuqub' K'aqix sea derrotado. No está bien lo que hace al glorificarse y exaltar su poder sobre la tierra. Ésta es mi voluntad", dijo Corazón del Cielo.

"Está bien", dijeron los muchachos. "Reconocemos que sólo tú, Corazón del Cielo, eres el primero. Tú eres la grandeza, el poder y la paz".

Mientras tanto, Kab'raqan se ocupaba de sacudir las montañas. Con

sólo golpear la tierra con sus pies derrumbaba las montañas, grandes y pequeñas. Cuando lo encontraron los gemelos, le preguntaron:

"¿A dónde vas, muchacho?"

"No voy a ninguna parte. Aquí me divierto derribando montañas y así lo haré para siempre", respondió Kab'raqan y luego les preguntó:

"¿Cómo se llaman ustedes? ¿A qué han venido hasta aquí?"

"Nosotros no tenemos nombre, sólo cazamos pájaros con nuestras cerbatanas. Además, somos muy pobres y no tenemos nada. Solamente nos gusta andar por los montes grandes y pequeños en busca de pájaros. Acabamos de ver una gran montaña allá, donde sale el sol, cuya altura sobrepasa a todos los demás cerros. Es tan alta que no hemos podido subir a cazar pájaros. ¿Es cierto eso de que tú puedes derribar todas las montañas?", le preguntaron Junajpu e Ixb'alanke.

"¿De veras han visto esa montaña tan alta? ¿En dónde está? En cuanto la vea la echaré al suelo".

"La montaña está allá, donde nace el sol", le dijeron.

"Está bien, enséñenme el camino y los seguiré".

"Es mejor que tú vayas en medio de nosotros. Uno irá a tu derecha y el otro a tu izquierda para que no se asusten los pájaros, pues les iremos tirando con nuestras cerbatanas por todo el camino".

Los tres iban muy alegres; Junajpu e Ixb'alanke realmente no usaban los bodoques de sus cerbatanas pues con el solo soplo derribaban a los pájaros. Kab'raqan estaba maravillado ante su habilidad.

Los muchachos se detuvieron en el bosque e hicieron fuego para asar los pájaros. A uno de ellos le untaron tizate o tierra blanca como el yeso.

"La fragancia que despiden los pájaros al ser asados despertará el apetito a Kab'raqan. Este pájaro cubierto con tizate será su perdición y Kab'raqan caerá al suelo vencido por nuestro poder", se dijeron.

Mientras tanto, los pájaros se asaban lentamente y la grasa que les chorreaba despedía un olor apetitoso. Kab'raqan tenía deseos de comérselos y se le hacía agua la boca.

"Verdaderamente, esta comida se ve deliciosa y quiero un pedazo", dijo él.

Entonces los muchachos le dieron el pájaro que estaba untado de tierra blanca. Cuando terminó de comerlo, siguieron su camino hacia el oriente donde estaba la gran montaña. Pero Kab'raqan comenzó a debilitarse y se le aflojaron las manos y los pies. Ya no pudo hacerle nada a las montañas porque perdió su fuerza. Así, fácilmente, los muchachos lo amarraron de pies y manos y lo tumbaron al suelo. Kab'raqan murió luego y allí mismo lo enterraron. De esta forma Junajpu e Ixb'alanke vencieron a Kab'raqan sólo con sus poderes mágicos.

JUN JUNAJPU Y WUQUB' JUNAJPU, LOS PRIMEROS GEMELOS Y LOS SEÑORES DE XIB'ALB'A

Ahora contaremos la historia de Jun Junajpu y Wuqub' Junajpu, el padre y el tío de los gemelos prodigiosos. Éstos eran hijos de los ancianos Ixpiyakok e Ixmukane y también eran gemelos. Jun Junajpu tuvo dos hijos gemelos mayores que se llamaban Jun B'atz' y Jun Ch'owem. Ambos eran grandes músicos, pintores y escultores.

Jun Junajpu y Wuqub' Junajpu se dedicaban todos los días solamente a jugar a la pelota. Un día Jun Kame y Wuqub' Kame, los señores de Xib'alb'a, los oyeron jugar a la pelota mientras descansaban en el inframundo. Muy enojados gritaron: "¿Qué es lo que están haciendo sobre la tierra? ¿Por qué están haciendo tanto ruido? ¡Que vayan a llamarlos y jugaremos a la pelota con ellos! Ya no nos respetan y hacen mucho ruido sobre nuestras cabezas".

Todos los señores de Xib'alb'a entraron en consejo para decidir qué hacer. Jun Kame y Wuqub' Kame eran los jueces supremos de Xib'alb'a. Los otros señores tenían diferentes funciones.

Xikiripat y Kuchumakik' eran los que causaban derramamientos de sangre en los hombres. Ajalpuj y Ajalk'ana' se ocupaban de hacer crecer hinchazones en los cuerpos. Chamiyab'aq y Chamiyajom hacían enflaquecer a la gente. Ajalmes y Ajaltoq'ob tenían el oficio de causar la muerte repentina con ataques al corazón. Kik'xik' y Patan causaban desgracias en los caminos.

Todos ellos decidieron reunirse para atormentar y castigar a Jun

Junajpu y Wuqub' Junajpu. Enseguida, los señores de Xib'alb'a enviaron a sus mensajeros, los búhos, a llamar a los jugadores de pelota.

"Vayan y díganles que vengan a jugar a la pelota con nosotros. Que traigan acá sus instrumentos de juego, sus guantes y sus pelotas", dijeron a los mensajeros.

Los cuatro búhos salieron de Xib'alb'a y llegaron rápidamente al patio donde Jun Junajpu y Wuqub' Junajpu estaban jugando a la pelota y dieron su mensaje. "Está bien, iremos a jugar a la pelota en Xib'alb'a. Pero antes, debemos despedirnos de nuestra abuela," dijeron los hermanos.

Fueron a despedirse de la abuela. Jun Junajpu le dijo a sus hijos Jun B'atz' y Jun Ch'owem: "Ocúpense ustedes de tocar la flauta, cantar, pintar y esculpir. Calienten la casa con leña y alegren el corazón de la abuela que se quedará triste".

Entonces acompañaron a los mensajeros y bajaron a Xib'alb'a por una escalera muy inclinada. Luego pasaron varios ríos subterráneos sin problemas hasta que llegaron a un cruce de caminos donde serían vencidos. Cada camino tenía un color diferente: rojo, negro, blanco y amarillo. El camino negro les dijo que era el camino apropiado y lo siguieron.

Llegaron a la sala de los señores de Xib'alb'a, pero en su lugar habían puesto muñecos de palo. Jun Junajpu y Wuqub' Junajpu saludaron:

"Salud, Jun Kame y Wuqub' Kame", dijeron.

Los señores de Xib'alb'a se rieron porque los dos muchachos habían saludado a los muñecos de palo.

"Siéntense y descansen", dijeron los señores de Xib'alb'a.

Los muchachos se sentaron. De inmediato saltaron de sus asientos porque la plancha donde se habían sentado estaba caliente. Los señores de Xib'alb'a volvieron a reírse, pues los dos muchachos no eran inteligentes y no sabían esquivar los peligros.

Luego los metieron a la Casa Obscura. No había más que tinieblas en su interior. Les dieron un pedazo de ocote y un cigarro a cada uno y les dijeron:

"Enciendan su ocote y su cigarro, pero mañana tendrán que devolverlos enteros. No dejen que el ocote o los cigarros se consuman".

Jun Junajpu y Wuqub' Junajpu encendieron sus cigarros y su ocote. Al amanecer les pidieron el ocote y los cigarros, pero los muchachos los habían consumido durante la noche. Los señores decidieron destruirlos porque habían perdido la prueba de Xib'alb'a.

La cabeza de Jun Junajpu fue llevada a un árbol que nunca había dado frutos, a orillas del camino de Xib'alb'a. Cuando pusieron la cabeza en sus ramas pronto se cubrió de frutos. Los frutos eran redondos y la cabeza de Jun Junajpu no se podía distinguir entre estos jícaros. Entonces los señores de Xib'alb'a ordenaron que nadie se acercara al árbol prohibido.

"Que nadie venga a cortar de estos frutos", ordenaron.

LA PRINCESA IXKIK'

La princesa Ixkik', hija de Kuchumakik', oyó la historia del árbol de frutos prohibidos y quiso ir a verlo. Cuando llegó al pie del árbol vio los frutos redondos y quiso tocarlos.

"¿Acaso voy a morir si los toco?", se preguntó ella. Entonces la calavera que estaba entre las ramas le habló a la joven:

"Éstas que parecen frutas son calaveras. ¿Acaso deseas cortar una de ellas?"

"Sí, las deseo", dijo la princesa.

"Muy bien, extiende tu mano derecha". La joven obedeció y en ese momento la calavera lanzó un escupitajo que cayó en la palma de su mano. La joven se sorprendió y quiso ver la saliva, pero se había secado de inmediato.

"En mi saliva te he dejado mi descendencia. Sube a la superficie de la tierra y no morirás. Confía en mi palabra", dijo la calavera desde el árbol.

Por virtud de la saliva la princesa Ixkik' quedó embarazada. Así fueron engendrados los gemelos prodigiosos Junajpu e Ixb'alanke, los mismos que destruyeron a Wuqub' K'aqix, Sipakna y Kab'raqan. Kuchumakik', el papá de la princesa, se dio cuenta de que ella estaba embarazada y se enojó mucho. Entonces, reunió a los otros señores de Xib'alb'a y les dijo:

"Mi hija ha sido embarazada y nos ha deshonrado".

"Que confiese de quién es ese hijo que lleva. Si no dice la verdad, habrá que sacrificarla", dijeron los señores.

"¿De quién es ese hijo que tienes en el vientre, hija mía?", preguntó Kuchumakik'.

"No es de nadie, pues no he conocido hombre alguno", respondió ella.

Kuchumakik' se enojó y dijo a los búhos mensajeros que la llevaran a matar y que trajeran el corazón como prueba de que habían cumplido la orden. Los búhos se llevaron a la princesa para sacrificarla con el cuchillo de pedernal.

"No me maten, no he hecho nada malo", dijo la joven.

"¿Y qué pondremos en lugar de tu corazón? Los señores pidieron que llevemos tu corazón para que sea quemado ante ellos como ofrenda".

"Entonces, recojan la savia de ese árbol y guárdenla en la jícara", dijo ella.

Sacaron la savia del árbol chik'te', la cual se coaguló formando un corazón.

"Está bien, llevaremos este corazón hecho de la savia del árbol a los señores. Tú sigue tu camino sobre la tierra", dijeron los búhos.

Los señores de Xib'alb'a estaban esperando cuando llegaron los búhos mensajeros.

"Muy bien hecho, ahora veamos el corazón que nos trajeron", dijo Jun Kame.

El corazón se veía rojo y lleno de sangre.

"Enciendan el fuego y pongan el corazón sobre las brasas", ordenó Jun Kame.

Los búhos lo echaron al fuego y pronto comenzaron a sentir la fragancia del corazón que se quemaba sobre las brasas. Mientras los señores estaban allí reunidos, los búhos abandonaron el lugar y subieron a la tierra a servir a la princesa. Así fueron vencidos los señores de Xib'alb'a por la princesa Ixkik'.

LA PRINCESA IXKIK' PASA LA PRUEBA

Jun B'atz' y Jun Ch'owem estaban con la abuela, Ixmukane, cuando la princesa Ixkik' llegó a la casa de Jun Junajpu, el de la calavera que la fecundó. La princesa se presentó a la abuela diciendo:

"He llegado, señora madre; yo soy tu nuera".

"¡Tú no serás mi nuera, fuera de aquí!", gritó la vieja.

La princesa Ixkik' insistió que llevaba en su seno a los hijos de Jun Junajpu. Entonces la abuela decidió hacerle una prueba, diciendo:

"Si es verdad que eres mi nuera, ve a traer una red de maíz a la milpa".

"Muy bien", dijo la princesa y se fue a la milpa de Jun B'atz' y Jun Ch'owem. Pero sólo encontró una mata de maíz, nada más.

La princesa se entristeció al ver que no había maíz para llenar la red. Enseguida se puso a invocar al espíritu del maíz.

"Ixtoj, Ixq'anil, Ixkakaw, ustedes que cocen el maíz; y tú, espíritu del maíz, ayúdenme".

Luego, cortó los pelos rojos de la única mazorca que allí había y los colocó en la red, como se jatean las mazorcas. Entonces, por milagro, la red se llenó completamente y los animales del campo llevaron la red hasta la casa de la abuela.

La abuela pensó que la princesa había cortado la única mata de maíz que había, pero no; la mata seguía allí de pie. Entonces aceptó a la princesa como su nuera.

"Ésta es prueba suficiente de que eres mi nuera. Veremos si los que llevas en tu vientre serán también sabios", dijo la abuela.

EL NACIMIENTO DE JUNAJPU E IXB'ALANKE, LOS GEMELOS PRODIGIOSOS

Cuando llegó el día, Ixkik' dio a luz a los gemelos Junajpu e Ixb'alanke. La abuela se enojó al oírlos llorar de día y de noche.

"Anda a botarlos afuera porque lloran mucho", dijo la abuela.

Jun B'atz' y Jun Ch'owem los pusieron sobre un hormiguero, pero allí durmieron bien los recién nacidos. Los pusieron sobre espinas, pero también allí durmieron plácidamente. Jun B'atz' y Jun Ch'owem querían que murieran sobre el hormiguero o entre las espinas, pues sentían envidia de los gemelos recién nacidos.

Junajpu e Ixb'alanke crecieron y todos los días se dedicaban a cazar pájaros con sus cerbatanas. Jun B'atz' y Jun Ch'owem, junto con la abuela, los depreciaban y no les daban de comer. A pesar del maltrato, los

gemelos no se enojaban y sufrían calladamente. Cuando traían pájaros, Jun B'atz' y Jun Ch'owem se los comían sin darles un bocado.

Una vez, Junajpu e Ixb'alanke llegaron con las manos vacías.

"¿Por qué no han traído pájaros hoy?", dijo la abuela, muy enojada.

"Los pájaros se quedaron trabados en las ramas de los árboles y no pudimos bajarlos. Que vengan con nosotros nuestros hermanos mayores a bajar los pájaros del árbol", respondieron.

"Está bien, iremos con ustedes mañana a bajar los pájaros", dijeron los hermanos mayores.

Junajpu e Ixb'alanke querían deshacerse de sus hermanos mayores porque les hacían mucho daño.

Al día siguiente llegaron al pie del árbol. Allí había muchos pájaros colgados pero ni uno caía al suelo.

"Suban a bajar los pájaros", dijeron los gemelos.

"Está bien", dijeron los hermanos mayores y subieron al árbol. Mientras estaban arriba, el árbol comenzó a crecer y su tronco comenzó a ponerse más grueso. Jun B'atz' y Jun Ch'owem quisieron bajar pero ya no pudieron.

"Nos da miedo bajar, hermanos. El árbol es demasiado alto", gritaron desde arriba. Junajpu e Ixb'alanke les respondieron:

"Desaten sus fajas y déjenlas colgando de su cintura, así podrán bajar fácilmente", dijeron los gemelos.

Jun B'atz' y Jun Ch'owem desataron las fajas de su cintura y dejaron las puntas colgando detrás de ellos. De esta forma las fajas se convirtieron en colas y ellos se transformaron en monos. De inmediato se internaron en el bosque haciendo muecas y columpiándose en las ramas de los árboles.

Junajpu e Ixb'alanke llegaron a su casa y dijeron a la abuela:

"Algo le ha pasado a nuestros hermanos, pues se convirtieron en monos".

Ella se entristeció y pidió a los gemelos que la llevaran a verlos.

"Nuestros hermanos volverán, pero te pedimos que no te rías, abuela".

Fueron al bosque y allí tocaron sus flautas y cantaron. Por fin llegaron Jun B'atz' y Jun Ch'owem bailando. Cuando la abuela vió las muecas que hacían, se rió a carcajadas. Entonces los dos monos se retiraron apresuradamente.

"Ya ves, abuela, se han escapado al bosque porque te has reído de ellos. Volveremos a tocar la flauta y el tambor para ver si regresan, pero tienes que resistir la prueba y no reírte", dijeron.

Volvieron a tocar la flauta y Jun B'atz' y Jun Ch'owem regresaron de nuevo, haciendo muecas, pero la abuela volvió a reírse. Los gemelos la amonestaron: "Ésta es la última vez que vamos a tratar, abuela. Si te ríes de nuevo ellos se volverán a escapar al monte y ya no volverán".

Enseguida se pusieron a tocar la flauta. Jun B'atz' y Jun Ch'owem regresaron bailando y llegaron hasta la casa. Bailaban y hacían muecas hasta que al fin la abuela soltó nuevamente una gran risotada. Los dos monos volvieron a escapar al bosque a toda prisa y ya nunca regresaron.

Así fue como Jun B'atz' y Jun Ch'owem fueron vencidos y se convirtieron en monos.

CÓMO LOS GEMELOS PRODIGIOSOS APRENDIERON A JUGAR A LA PELOTA

Junajpu e Ixb'alanke comenzaron a trabajar en la milpa. Cuando llegaban al campo hundían el azadón en la tierra, y éste labraba la tierra solo. De la misma forma, clavaban el hacha en los troncos de los árboles y éstos se desplomaban al suelo sin que los gemelos hicieran el mínimo esfuerzo. Pidieron a la paloma Ixmukur que vigilara y que cantara cuando se acercara la abuela. Cuando ésta llegó, se mancharon las manos de tierra como si de veras estuvieran trabajando. Por la tarde regresaron a la casa a descansar, ya que los instrumentos habían hecho todo el trabajo. Al día siguiente volvieron al campo pero se extrañaron al ver que todos los árboles estaban de pie otra vez.

"¿Quién nos ha hecho esta burla?", dijeron.

Lo habían hecho los animales grandes y pequeños: el león, el tigre, el venado, el conejo, el gato montés, el coyote, el jabalí, el pizote y los pájaros. Estos animales hicieron crecer el monte en una sola noche.

Al día siguiente los gemelos volvieron al campo a cortar los árboles y a labrar la tierra. Pero el azadón y el hacha trabajaban solos mientras ellos cazaban pájaros con sus cerbatanas. Al atardecer, decidieron esconderse entre la maleza para sorprender a los perjuiciosos que deshacían su trabajo.

Entonces, a medianoche, llegaron todos los animales grandes y pequeños y dijeron en su propia lengua: "¡Levántense árboles! ¡Levántense bejucos!"

Los primeros animales que llegaron fueron el león y el tigre, pero los gemelos no pudieron capturarlos. Luego pasaron el venado y el conejo ante ellos, y sólo lograron agarrarlos de las colas, pero éstas se reventaron en sus manos. Por eso ahora los venados y los conejos tienen las colas cortas. Pasaron corriendo el gato montés, el coyote, el jabalí y el pizote, pero no lograron agarrarlos. Por último, pasó corriendo el ratón, el cual fue capturado por los gemelos.

Le apretaron el pescuezo y le quemaron la cola. Desde entonces los ratones tienen los ojos saltones y la cola pelada.

Al sentir que lo estrangulaban, el ratón suplicó:

"No me maten, por favor. Además, el oficio de ustedes no es labrar la tierra."

"Habla, ¿qué es lo que quieres decirnos?", dijeron los gemelos.

"Está bien, suéltenme y les diré mi mensaje, pero antes dénme algo para comer".

"Después te daremos tu comida, habla primero", le ordenaron.

"Está bien. Ustedes deben saber que su padre, Jun Junajpu, y su tío, Wuqub' Junajpu, fueron jugadores de pelota y murieron en Xib'alb'a. La abuela no les quiere dar los instrumentos para el juego de pelota que están escondidos en el techo de la casa".

Los muchachos se alegraron mucho y le dieron al ratón su comida.

"Gracias por darnos el aviso. Desde ahora la comida de ustedes los ratones será el maíz, las pepitas de chile, el frijol, el cacao. Si hay comida guardada y olvidada, ésa será también la comida de los ratones", dijeron los gemelos.

De esta forma, Junajpu e Ixb'alanke llevaron al ratón a su casa y lo escondieron en el techo para que la abuela no lo viera. Luego dijeron que tenían mucha hambre y pidieron que la abuela les diera comida con chile.

Mientras comían, los gemelos dijeron:

"Tenemos mucha sed, abuela, ve a traer agua de la fuente".

La abuela llevó su cántaro. Entre tanto, el ratón comenzó a roer los lazos con los que estaban amarrados los instrumentos para el juego de pelota.

Buscaron de inmediato la forma de hacer que la abuela se tardara y que no regresara a casa pronto. Para esto, enviaron a Xa'n, el zancudo, a que le hiciera un agujero al cántaro de la abuela. El zancudo picó el cántaro y el agua comenzó a escaparse por el agujero. Así, la abuela se entretuvo remendándolo.

El ratón estaba por terminar de roer los lazos. Por eso los gemelos piedieron a su mamá, Ixkik', que fuera a ver por qué se tardaba tanto la abuela. Por fin, ella salió de la casa y se fue a ver a la abuela. En esos momentos el ratón terminó de cortar los lazos; la pelota, el anillo y las rodilleras cayeron al suelo. Los gemelos levantaron estos objetos y los fueron a esconder a orillas del camino. Luego se fueron a reunir con la abuela e Ixkik', quienes estaban ocupadas tapando el agujero causado por el zancudo.

Los gemelos remendaron el cántaro y todos juntos regresaron a casa. Así fue como Junajpu e Ixb'alanke hallaron la pelota escondida en el techo de la casa.

LOS ANIMALES MENSAJEROS

Muy contentos, se fueron al campo donde se juega a la pelota. Era el mismo lugar donde antes jugaban Jun Junajpu y Wuqub' Junajpu. Entonces, los señores de Xib'alb'a escucharon de nuevo los pasos y los gritos de los jugadores sobre la tierra y se enojaron. De inmediato enviaron a sus mensajeros a llamarlos.

Los búhos llegaron a la casa de los muchachos, pero como ellos estaban jugando a la pelota dieron el mensaje a la abuela.

"Que vengan los muchachos a jugar a la pelota con los señores de Xib'alb'a. En siete días deben presentarse ante ellos allá, en Xib'alb'a". Esto dijeron y se fueron.

"Está bien, les daré el mensaje", dijo la abuela.

Ella se entristeció porque así habían llegado los mensajeros a llamar a sus hijos Jun Junajpu y Wuqub' Junajpu y ellos ya no regresaron de Xib'alb'a.

"¿A quién enviaré a llamar a los muchachos que están en el campo de pelota?" Mientras estaba sentada pensando, un piojo cayó de su cabeza a su falda. Ella lo levantó y lo puso sobre la palma de su mano.

"Irás a llamar a mis nietos, pues los mensajeros han venido a buscarlos para que vayan a jugar a la pelota con los señores de Xib'alb'a. Que vengan de inmediato pues en siete días tienen que presentarse ante ellos", dijo la abuela.

De inmediato partió el piojo a dar el aviso. En el camino encontró a Tamasul, el sapo.

"¿A dónde vas?", preguntó el sapo.

"Voy a buscar a los muchachos para darles un mensaje", respondió el piojo.

"Está bien, pero debes ir más de prisa. Te tragaré y así iremos más rápido", dijo el sapo.

De inmediato se lo tragó y comenzó a dar saltos, sin apresurarse. Más adelante encontró a Sakikaz, la culebra.

"¿A dónde vas, Tamasul?" preguntó la culebra.

"Voy a buscar a los muchachos, pues llevo un mensaje en mi vientre", dijo el sapo.

"Está bien, pero tú vas muy despacio. Te tragaré y así llegaremos más rápido".

La culebra se tragó al sapo y comenzó a deslizarse rápidamente. Desde entonces, los sapos se volvieron comida de las serpientes. Un poco más adelante, la culebra se encontró con Wak, el gavilán. El gavilán se tragó a la culebra y luego llegó volando al patio donde los muchachos jugaban pelota.

El gavilán comenzó a llamarlos gritando: "¡Vak-ko, vak-ko!" Los muchachos agarraron sus cerbatanas y le dispararon, dándole un bodocazo en el ojo. El gavilán dió vueltas en el aire y cayó al suelo. De inmediato corrieron los muchachos a levantarlo:

"¿Qué vienes a hacer aquí?", le dijeron.

"Traigo un mensaje para ustedes, pero primero cúrenme el ojo", dijo el gavilán.

Los muchachos lo curaron y le ordenaron que les diera el mensaje.

"Habla, pues", le dijeron al gavilán.

Enseguida el gavilán vomitó una gran culebra.

"Habla tú", le dijeron a la culebra.

"Bueno", dijo ésta y vomitó al sapo.

"Habla, ¿cuál es el mensaje?", le preguntaron.

"Aquí lo traigo en mi estómago", contestó el sapo.

Enseguida quiso vomitar al piojo pero no pudo. Sólo se le llenaba la boca de baba y sus ojos se hinchaban al hacer el esfuerzo, pero no pudo. Los muchachos lo patearon por detrás y rasgaron la boca para abrírsela. Desde entonces los sapos tienen las nalgas caídas y la boca rasgada. Así sacaron al piojo que estaba pegado debajo de su lengua.

"Habla", le dijeron al piojo que les dio entonces el mensaje.

"La abuela me ha enviado para decirles que los mensajeros de Jun Kame y Wuqub' Kame han llegado a invitarlos al juego de pelota allá en Xib'alb'a. En siete días tienen que presentarse ante los señores de Xib'alb'a. Esto es lo que ha dicho la abuela".

Los muchachos regresaron a casa a preparar sus instrumentos de juego.

"Nos vamos abuela, solamente venimos a despedirnos. Pero dejaremos una señal para que sepan de nuestra suerte. Sembraremos unas cañas de carrizo en medio de la casa. Si las cañas se secan, ésa será la señal de nuestra muerte, pero si las cañas retoñan, será señal de que estamos vivos", dijeron los muchachos.

De esta forma, Junajpu e Ixb'alanke sembraron una caña cada quien en medio de la casa. Las sembraron en tierra seca y no en tierra húmeda.

EL VIAJE A XIB'ALB'A

Junajpu e Ixb'alanke comenzaron a bajar por el camino a Xib'alb'a. Llegaron donde había unos ríos subterráneos y los pasaron sin problemas. Luego llegaron a un río de sangre donde debían ser destruidos, pero los muchachos lo atravesaron sobre sus cerbatanas. Ellos sabían bien cuáles eran los caminos de Xib'alb'a, el camino negro, el blanco, el rojo y

el amarillo. Antes de llegar donde estaban los señores, los gemelos enviaron a Xa'n, el zancudo, a investigar el camino.

"Pica a cada uno de los señores. Pica al primero y así sucesivamente hasta el último. Éste es tu trabajo, chupar la sangre de los hombres en los caminos", le dijeron.

El zancudo se dirigió por el camino negro. Allí estaban sentados los señores de Xib'alb'a esperando a los muchachos. El zancudo picó al primero y éste no habló. Picó al segundo que estaba sentado y éste tampoco habló. Eran muñecos de palo que estaban allí sentados. El zancudo picó al tercero y éste habló. "¡Ay!", dijo cuando lo picaron.

"¿Qué es lo que te pasa, Jun Kame?", preguntó el cuarto que estaba sentado.

"¡Ay!", dijo el cuarto que estaba sentado.

"¿Qué es lo que te ha picado, Wuqub' Kame?", dijo el quinto.

"¡Ay!", dijo el quinto que estaba sentado.

"¿Qué te ha picado, Kuchumakik'?", preguntó el sexto.

"¡Ay!", gritó el sexto que estaba sentado.

"¿Qué te ha picado, Xikiripat?", preguntó el séptimo.

"¡Ay!", gritó el séptimo que estaba sentado.

Y así sucesivamente:

"¿Qué te ha picado, Ajalpuj?"

"¿Qué te ha picado, Chamiyab'aq?"

"¿Qué te ha picado, Ajalk'ana'?"

"¿Qué te ha picado, Chamiyajom?"

"¿Qué te ha picado, Patan?"

"¿Qué te ha picado, Kik'xik'?"

"¿Qué te ha picado, Kik'rixk'aq?"

"¿Qué te ha picado, Kik're?"

El zancudo regresó a dar el aviso después de que todos los señores de Xib'alb'a revelaron sus nombres.

Los muchachos siguieron su camino y llegaron donde estaban sentados los señores.

"Saluden a los señores", les dijo uno de ellos.

"El primero y el segundo no son señores. Éstos son muñecos de palo", dijeron. Entonces se pararon frente al tercero en la fila y comenzaron a saludar en orden.

"¡Salud, Jun Kame! ¡Salud, Wuqub' Kame, ¡Salud, Xikiripat! ¡Salud...", siguieron saludando hasta el último de los señores, mencionando el nombre de cada uno.

Los señores de Xib'alb'a se sintieron vencidos y dijeron:

"Siéntense allí a descansar".

"Ése no es asiento para nosotros. Ésa es una piedra ardiente", respondieron los muchachos.

Allí tampoco fueron engañados como sus padres.

LAS PRUEBAS DE XIB'ALB'A

Entonces los señores metieron a los gemelos en la Casa Obscura. Ésta era la primera prueba.

"Aquí está su cigarro y su raja de ocote. Deben encenderlos durante la noche y mañana al amanecer tendrán que devolverlos enteros", les dijeron los mensajeros.

"Muy bien", dijeron los muchachos. En realidad no encendieron sus ocotes sino que pusieron colas de guacamaya en la punta de sus ocotes. Así se veían rojos y ardiendo en la obscuridad. En la punta de sus cigarros pusieron luciérnagas y así parecía que fumaban en la obscuridad.

Al amanecer entregaron enteros sus ocotes y sus cigarros. Esto hizo enojar mucho a los señores de Xib'alb'a. Los interrogaron para que hablaran de su origen y quién les dio a luz. Pero los gemelos no revelaron su origen.

"Está bien, vamos a jugar a la pelota", dijeron los de Xib'alb'a.

"Está bien, jugaremos", dijeron los muchachos.

Los de Xib'alb'a metieron la pelota en el aro de los muchachos y luego quisieron matarlos con sus cuchillos de pedernal.

"¿Por qué nos quieren matar? ¿Acaso no nos invitaron aquí sólo para jugar?"

"Está bien, sigamos jugando con la pelota de ustedes", dijeron los señores.

Esta vez los muchachos metieron la pelota en el aro de los señores y así terminó el juego. Los señores de Xib'alb'a pensaron en otra prueba.

"Mañana temprano irán a traernos cuatro jícaras de flores", dijeron.

"¿Qué clase de flores hemos de traer?", preguntaron los muchachos.

"Queremos un ramo de chipilín colorado, un ramo de chipilín blanco y un ramo de chipilín amarillo", dijeron los de Xib'alb'a. Estaban seguros de vencer a los muchachos.

Enseguida los metieron en la Casa de las Navajas, que era el segundo lugar de tormento de Xib'alb'a. Los señores querían que fueran despedazados por las navajas, pero no murieron. Los muchachos le hablaron a las navajas diciendo:

"Ustedes deberán cortar sólo la carne de los animales" y las navajas se quedaron quietas.

Así pasaron la noche en la Casa de las Navajas. Luego llamaron a todas las hormigas y les dijeron:

"Hormigas y zompopos, vengan todos y vayan a traer todas las clases de flores que hay que cortar para los señores".

"Muy bien", dijeron las hormigas y los zompopos y se fueron a cortar las flores en los jardines de los señores de Xib'alb'a. Jun Kame y Wuqub' Kame habían avisado a sus centinelas que cuidaran bien las flores durante la noche. Pero los guardianes no se dieron cuenta cuando las hormigas y los zompopos fueron a cortar las flores. Todas las hormigas trabajaron acarreando las flores hasta que llenaron las cuatro macetas que ordenó Jun Kame.

Al amanecer fueron llevados ante Jun Kame y Wuqub' Kame con sus flores. Al ver esto, los señores de Xib'alb'a se enojaron aún más.

La siguiente noche metieron a los muchachos en la Casa del Frío. Pero los gemelos no murieron porque hicieron fuego con troncos viejos y ahuyentaron el frío. Los señores de Xib'alb'a se enojaron y los metieron en la Casa de los Jaguares. Los gemelos les hablaron a los felinos diciendo:

"No nos muerdan porque aquí está lo que les pertenece", diciendo esto les tiraron huesos y los jaguares comenzaron a quebrarlos con sus dientes y a comerlos. Al día siguiente los muchachos salieron vivos de la Casa de los Jaguares.

Los metieron a la Casa del Fuego, pero tampoco murieron; sólo metieron más leña al fuego y así pasaron la noche calientitos. Finalmente, los metieron a la Casa de los Murciélagos. Ésta era la casa de Kamalotz, el vampiro, y nadie podía escapar vivo de ahí.

Los gemelos se defendieron bien y durmieron dentro de sus cerbatanas. Los murciélagos estuvieron revoloteando sobre ellos toda la noche gritando: "kilitz, kilitz".

De pronto se detuvieron los murciélagos y todo quedó en silencio. Se habían prendido en la boca de una de las cerbatanas.

"¿Ya estará amaneciendo?", dijo Ixb'alanke a Junajpu.

"Tal vez sí, voy a ver", dijo Junajpu.

Cuando Junajpu sacó la cabeza para ver si amanecía, Kamalotz le cortó la cabeza.

"¿Ya está amaneciendo?", volvió a preguntar Ixb'alanke, pero Junajpu no respondió. Entonces Ixb'alanke se dió cuenta que Junajpu había sido decapitado.

Los señores de Xib'alb'a se alegraron y fueron a colgar la cabeza de Junajpu en el patio del juego de pelota.

Antes del amanecer Ixb'alanke llamó a todos los animales en su ayuda. Llamó al pizote, al jabalí y a todos los animales pequeños y grandes. Luego les dijo qué era lo que tenían que comer. La última en llegar fue la tortuga y ésta fue usada en lugar de la cabeza de Junajpu. Estaba por amanecer y los ayudantes que envió Corazón del Cielo a ayudar a Ixb'alanke no habían terminado de tallar el carapacho de la tortuga que iba a servir como cabeza de Junajpu. Entonces le dijeron al zopilote que ennegreciera de nuevo el cielo para atrasar un poco más el amanecer. Al fin la cabeza quedó bien tallada y se la pusieron al cuerpo de Junajpu. Luego, Ixb'alanke le dijo al conejo:

"Quédate escondido en el tomatal. Cuando te llegue la pelota, tómala y corre. Yo haré lo demás".

Cuando amaneció se acercaron los muchachos al juego de pelota. Los señores de Xib'alb'a estaban seguros que iban a vencer a los muchachos y tiraron la pelota al aro. La pelota pasó sobre el aro y cayó donde estaba escondido el conejo. El conejo recogió la pelota y corrió entre el tomatal. Los señores de Xib'alb'a lo siguieron en busca de la pelota.

Ixb'alanke aprovechó el momento para bajar la verdadera cabeza de

Junajpu que estaba colgada, cambiándola por la cabeza que habían talla-
do con la concha de la tortuga. Los muchachos se alegraron y siguieron
jugando. Ixb'alanke botó de un golpe la cabeza que había colgado y ésta
se hizo pedazos al caer.

MUERTE Y RESURRECCIÓN DE JUNAJPU E IXB'ALANKE

Ahora contaremos cómo murieron Junajpu e Ixb'alanke. Los señores de
Xib'alb'a estaban furiosos y decidieron quemar a los muchachos en una
hoguera. Sabiendo que iban a morir, Junajpu e Ixb'alanke llamaron a dos
sabios y adivinos llamados Xulu' y Paq'am y les dijeron:

"Los señores les preguntarán cuál es la mejor forma de deshacerse de
nuestros cuerpos. Entonces ustedes les dirán que deben moler nuestros
huesos y echar el polvo al río".

Los señores de Xib'alb'a hicieron la hoguera y llamaron a los muchachos a beber con ellos. Pero Junajpu e Ixb'alanke les dijeron que ya
conocían su plan y así, los dos muchachos se lanzaron juntos a la hoguera.
Todos los señores exclamaron felices:

"¡Al fin los hemos vencido!"

Enseguida mandaron llamar a los viejos adivinos y les preguntaron
qué debían hacer con los huesos. Los ancianos les dijeron que debían
molerlos y regarlos en las aguas del río.

Esto hicieron, pero pronto el polvo de los huesos se asentó en el fondo
del río y los muchachos revivieron. Al quinto día volvieron a aparecer y la
gente los vio en el agua. Parecían hombres-peces cuando los vieron los
señores de Xib'alb'a.

Al sexto día se presentaron ante la gente de Xib'alb'a como dos
mendigos. Lo único que hacían estos mendigos era ejecutar el baile de
Pujuy, la lechuza; el baile de K'u'x, la comadreja; el baile de Ib'oy, el
armadillo; interpretaban también el baile de chitik o de los zancos.
Además, ellos hacían muchos prodigios que asombraban. Le prendían
fuego a las casas, las cuales parecía que ardían pero luego volvían a su
estado normal sin haberse quemado. Se mataban a sí mismos y luego se

resucitaban. La gente de Xib'alb'a los contemplaba con admiración.

Entonces, los señores de Xib'alb'a mandaron llamar a los mendigos que hacían estas maravillas. Pero los mendigos se negaron a presentarse ante los señores, pues tenían una apariencia de vagabundos, sucios y andrajosos. Los mensajeros los llevaron a la fuerza ante los señores de Xib'alb'a.

"Queremos que bailen ante nosotros. Quemen nuestras casas y reconstrúyanlas al instante. Realmente estamos admirados de las cosas extraordinarias que ustedes hacen", dijeron los señores de Xib'alb'a.

Los mendigos bailaron ante los señores y éstos, muy contentos, los contemplaban. "Maten a mi perro y resucítenlo", dijo Jun Kame.

Los mendigos mataron al perro y luego lo resucitaron. El perro movió la cola muy contento cuando revivió.

"Quemen mi casa y vuelvan a construirla al instante", dijo Jun Kame.

Los mendigos hicieron esto y los señores se maravillaron, pues ellos no se quemaron dentro de la casa mientras ardía.

"Maten a un hombre y luego resucítenlo", dijo Jun Kame.

Los mendigos mataron al hombre y luego lo resucitaron. Los señores de Xib'alb'a estaban completamente maravillados.

"¡Ahora queremos ver que ustedes mismos se sacrifiquen!"

"Muy bien", dijeron los dos mendigos y Junajpu fue sacrificado por Ixb'alanke. Luego lo resucitó. Los señores de Xib'alb'a estaban fascinados y Jun Kame y Wuqub' Kame dijeron de pronto:

"Hagan lo mismo con nosotros. Sacrifíquennos, despedácennos uno por uno".

"Está bien, haremos que ustedes se diviertan lo más que puedan", dijeron los mendigos.

Primero mataron a Jun Kame, que era el jefe de Xib'alb'a, y lo descuartizaron. Luego agarraron a Wuqub' Kame y le hicieron lo mismo. Pero los dos mendigos, que en verdad eran Junajpu e Ixb'alanke disfrazados, ya no los quisieron resucitar. Los otros señores de Xib'alb'a huyeron y se escondieron en los barrancos más profundos. De esta forma y sólo por un prodigio Junajpu e Ixb'alanke vencieron a los señores de Xib'alb'a.

Enseguida revelaron sus nombres a todos los de Xib'alb'a.

"Nosotros somos Junajpu e Ixb'alanke y nuestros padres son los que ustedes mataron aquí en Xib'alb'a". Los de Xib'alb'a cayeron de rodillas ante los gemelos pidiendo perdón. Los muchachos tuvieron misericordia de ellos y no los mataron. Solamente les dejaron dicho lo que tendrían que hacer.

"Está bien", dijeron, "desde hoy en adelante ya no será de ustedes el juego de pelota. De ustedes serán los pecadores, los malos, los tristes, los desventurados y los viciosos. Ya no podrán apoderarse de los hombres tan fácilmente".

De esta forma los de Xib'alb'a perdieron su grandeza y su condición de señores, pues solamente incitaban al mal, al pecado y a la discordia.

Mientras tanto, la abuela lloraba al ver que las cañas que ellos habían sembrado a media casa comenzaron a secarse cuando fueron quemados en Xib'alb'a. Luego, se contentó al ver que las cañas volvieron a retoñar cuando ellos resucitaron. Entonces los muchachos fueron a honrar el lugar donde fueron muertos su padre, Jun Junajpu, y su tío, Wuqub' Junajpu.

"Sus nombres no serán olvidados y ustedes serán invocados cuando amanezca", así dijeron al despedirse del lugar de Xib'alb'a.

Subieron a la claridad de la tierra y al instante se elevaron al cielo. Junajpu se convirtió en el sol e Ixb'alanke en la luna. En el cielo estaban los cuatrocientos muchachos convertidos en estrellas. De esta forma se iluminó la bóveda del cielo y toda la faz de la tierra, pues todo esto sucedió antes de que se creara al hombre y que amaneciera sobre la tierra.

TERCERA PARTE:
LA CREACIÓN DE LA GENTE DE MAÍZ

● ● ●

TERCERA CREACIÓN: LA GENTE DE MAÍZ

Ahora continuaremos con la historia de la creación del hombre por los Creadores y Formadores, Tepew y Q'uk'umatz.

"Ha llegado el tiempo del amanecer y es necesario que se termine la creación. Que aparezcan el hombre y la humanidad sobre la superficie de la tierra. El ser humano es el que nos tiene que sustentar", dijeron.

Se juntaron en la obscuridad, pensaron y reflexionaron. De esta forma llegaron a una decisión clara sobre lo que sería la carne del hombre. Tenían que apresurarse porque poco faltaba para que el sol, la luna y las estrellas aparecieran en el cielo.

En los lugares llamados Paxil y K'ayala' se encontró el maíz que se usó para crear a los primeros hombres. Los animales que encontraron esta comida fueron Yak, el gato de monte, Utiw, el coyote, K'el, la cotorra y Joj, el cuervo. Éstos fueron los animales que enseñaron el camino de Paxil para ir a traer el maíz.

Así es como se encontró la hermosa tierra con abundante maíz blanco y maíz amarillo. Había toda clase de frutas y semillas: frijol, cacao, zapotes, anonas, jocotes, nances, matasanos y miel en esos lugares de Paxil y K'ayala'.

A continuación entraron en pláticas los Progenitores, Tepew y Q'uk'umatz, acerca de la creación de nuestra primera madre y de nuestro primer padre. De maíz blanco y maíz amarillo se hicieron los brazos y piernas de los cuatro hombres que fueron creados. Luego, la abuela Ixmukane molió las mazorcas blancas y amarillas e hizo nueve jícaras de bebida. De este alimento provino la fuerza de esos hombres.

Éstos son los nombres de los primeros hombres creados. El primero fue B'alam Ki'tze', el segundo B'alam Aq'ab', el tercero Majukutaj y el cuarto Iq' B'alam. Sólo por un prodigio fueron creados los primeros padres con maíz blanco y amarillo. Estos primeros hombres pudieron hablar, ver

y oír; y agarraban las cosas pues eran sensibles. Fueron dotados de inteligencia y su visión alcanzaba grandes extensiones. Podían ver todo lo que había en el cielo y sobre la tierra desde el lugar donde estaban. No necesitaban moverse para ver lo que ocurría en lugares distantes.

Entonces los Creadores y Formadores les preguntaron:

"¿Qué piensan de su condición? ¿Pueden ver ahora todo lo creado en el mundo?"

Al ver todo lo que había en el mundo dieron gracias a los Creadores y Formadores, diciendo:

"En verdad les damos gracias, muchas veces, oh, Creadores y Formadores. Hemos sido creados con una boca y una cara, hablamos, oímos, pensamos, andamos, sentimos las cosas y conocemos lo que está lejos y lo que está cerca. También vemos lo grande y lo pequeño que hay en el cielo y en los cuatro rincones de la tierra. Les damos gracias por habernos dado vida, oh, Creadores y Formadores".

Pero los Creadores y Formadores escucharon esto con preocupación y celebraron consejo nuevamente.

"No está bien lo que dicen nuestras criaturas, pues pueden ver lo grande y pequeño que hay en el cielo y en la tierra. ¿Qué haremos ahora con ellos? Que su vista se nuble un poco y que no vean todo lo que está distante. Ellos no pueden igualarse a nosotros. Ellos no son dioses para ver todo lo que hay en el cielo y sobre la tierra como nosotros."

Entonces Corazón del Cielo echó un vaho sobre sus ojos y su vista quedó empañada como cuando se sopla sobre un espejo. Desde entonces ya sólo pudieron ver lo que estaba cerca de ellos y su vista ya no alcanzó a ver lo que estaba distante. Así fue destruida la sabiduría y los conocimientos de los cuatro hombres creados y de toda su descendencia.

Luego, los Creadores y Formadores decidieron hacer a las esposas de los cuatro hombres creados. Durante la noche y mientras dormían, aparecieron a su lado cuatro hermosas mujeres. Cuando despertaron vieron allí a sus mujeres y se contentaron mucho.

Los nombres de sus esposas eran Kaja' Paluma', la esposa de B'alam Ki'tze'; Chomija', la esposa de B'alam Aq'ab'; Tz'ununija', la esposa de Majukutaj, y K'aqixaja', la mujer de Iq' B'alam. Éstas fueron las mujeres de

---

los cuatro primeros padres que se multiplicaron y dieron origen a todos los pueblos grandes y pequeños de la nación k'iche'.

Muchos fueron los pueblos que se multiplicaron allá, en el Oriente. Entre los pueblos principales están: los tepew, oloman, kojaj, tamub' e ilokab'.

B'alam Ki'tze' era el abuelo y padre de los kawek. B'alam A'qab' era el abuelo y padre de los nijaib'. Majukutaj era el abuelo y padre de los ajaw k'iche'.

Vinieron también otros pueblos tales como los de Tekpan, los rabinales, kaqchikeles, los aj tz'ikinaja, sajajib', lamaqib', kumatz, tujalja, uchab'aja, aj chuwila', aj k'ib'aja, aj b'atenab', akul winaq, b'alam ija, kanchajeleb' y b'alam kolob'. Muchos otros vinieron pero no escribiremos sus nombres.

Muchos hombres fueron hechos y se multiplicaron allá en el Oriente. Había hombres negros y hombres blancos. Había hombres de muchas clases y de lenguas diferentes. Había gente que vivía sólo en el monte y no tenía casas.

Al principio, una era la lengua de todos y se acordaban de la palabra del Creador y Formador. Allí estaban reunidos esperando el amanecer y pedían su descendencia al Corazón del Cielo, Corazón de la Tierra, diciendo:

"¡Oh tú, Corazón del Cielo, Corazón de la Tierra, escúchanos y no nos desampares! ¡Oh, Corazón del Cielo, Corazón de la Tierra, dennos nuestra descendencia! Dennos caminos planos y seguros y que los pueblos tengan mucha paz y sean felices. Que tengamos larga vida y existencia útil sobre la tierra. ¡Que amanezca y que llegue la aurora!"

Esto decían mientras esperaban el alba, mirando a Venus, el gran lucero del amanecer.

EL REGALO DEL FUEGO

B'alam Ki'tze', B'alam Aq'ab', Majukutaj e Iq' B'alam decidieron esperar a que amaneciera. Ya estaban cansados de esperar la salida del sol y ya eran muchos los pueblos allí reunidos. Luego fueron al lugar llamado Tulan Suiwa a buscar sus símbolos y a buscar a sus protectores. Cada uno de los señores recibió un ídolo como su protector. B'alam Ki'tze' recibió a Tojil,

B'alam Aq'ab' recibió a Awilix, Majukutaj recibió a Jakawitz, Iq' B'alam recibió a Nikatakaj. Después de salir de Tulan, la lengua común de los diferentes pueblos se confundió y ya no pudieron entenderse entre sí.

Ningún pueblo tenía fuego y se morían de frío. Entonces la gente de B'alam Ki'tze' y B'alam Aq'ab' dijeron a sus ídolos Tojil y Awilix:

"Oh, Tojil y Awilix, no tenemos fuego y nos morimos de frío".

"No tengan pena, pues yo les daré el fuego que necesitan", dijo Tojil.

Entonces B'alam Ki'tze' y B'alam Aq'ab' se contentaron con el fuego que les dio Tojil. Pero vino un gran aguacero y se apagó el fuego de todos los pueblos. Otra vez B'alam Ki'tze' y B'alam Aq'ab' pidieron el fuego a Tojil, quien les dio fuego de nuevo como regalo. Pero los otros pueblos se morían de frío sin el fuego. Estos pueblos llegaron a pedir fuego a B'alam Ki'tze', B'alam A'qab', Majukutaj e Iq' B'alam, pero no fueron bien recibidos.

Entonces todos los pueblos se llenaron de tristeza porque ya no se podían entender.

"Ay, hemos abandonado nuestra lengua. Una sola era nuestra lengua cuando llegamos a Tulan. ¿En dónde fuimos engañados?"

Entonces llegó un mensajero de Xib'alb'a que tenía alas como de murciélago y les habló a B'alam Ki'tze', B'alam Aq'ab', Majukutaj e Iq' B'alam. "No le den fuego a los otros hasta que no hagan sacrificios ante Tojil", dijo el mensajero de Xib'alb'a y desapareció.

"Tengan compasión de nosotros, dennos un poco de su fuego, pues nos morimos de frío", dijeron los pueblos.

Pero Tojil dijo que daría el fuego a los pueblos si aceptaban ser suyos y si aceptaban ser sacrificados a Tojil, el ídolo de los k'iche's. La gente de los otros pueblos se estaba muriendo del frío, por eso aceptaron:

"Está bien, necesitamos el fuego". Enseguida recibieron el fuego y se calentaron.

Sólo hubo un pueblo que no aceptó las condiciones de Tojil y hurtó el fuego. Éstos son los kaqchikeles, cuyo ídolo se parecía a sotz'il, el murciélago y por eso se llamaban sotz'il.

Los pueblos llegaron al fin a la punta de una montaña. Allí se reunieron, pero no se sabe exactamente cómo cruzaron el mar cuando regresaron a sus tierras de origen. Se dice que pasaron sobre hileras de piedra cuando el mar se abrió. Así siguieron caminando con muchas penalidades hasta que llegaron a la montaña Chi Pixab', donde ayunaron. Luego fueron a esconder a los ídolos en las cuevas y montañas, pues ya iba a amanecer. B'alam Ki'tze', B'alam Aq'ab', Majukutaj e Iq' B'alam se quedaron en la punta del cerro Jakawitz a esperar el amanecer. En esa montaña habían escondido al ídolo Jakawitz.

•

Entonces surgió la aurora y la aparición del sol, de la luna y de las estrellas. Primero salió el gran lucero Venus y comenzaron a quemar incienso llenos de alegría. Luego salió el sol y todos los animales grandes y pequeños se alegraron junto con los hombres. El pájaro K'eletzu cantó primero y el jaguar y el puma rugieron contentos. También el águila y el zopilote rey extendieron sus alas para calentarse cuando salió el sol.

Antes de que saliera el sol, la tierra estaba húmeda y fangosa. Pero cuando el sol alumbró la superficie de la tierra comenzó a secarse pues el calor del sol era insoportable. Pronto Tojil, Awilix, Jakawitz, Nikatakaj y los animales feroces se convirtieron en piedras por el calor del sol.

Cuando B'alam Ki'tze', B'alam Aq'ab', Majukutaj e Iq' B'alam fueron a ver a sus ídolos, éstos milagrosamente se habían convertido en muchachos. Pidieron a sus adoradores que les alimentaran con ofrendas de incienso, aves y venados.

CUARTA PARTE:
LOS PRIMEROS PADRES
DE LA NACIÓN K'ICHE'

● ● ● ●

LA FUNDACIÓN DE LOS PUEBLOS

Muchos pueblos se fueron formando y agrupando cerca de los caminos. Mientras tanto, B'alam Ki'tze', B'alam Aq'ab', Majukutaj e Iq' B'alam se fueron a la montaña y no se les veía. Pero cuando una o dos personas pasaban por los caminos, ellos lanzaban aullidos como de coyote y de gato montés. Desde el bosque rugían como el jaguar y el tigre.

"Quieren aparentar que no son hombres y sólo hacen esto para engañar a los pueblos. Ellos quieren acabar con nosotros", decía la gente de los otros pueblos.

Luego, B'alam Ki'tze', B'alam Aq'ab', Majukutaj e Iq' B'alam fueron ante Tojil, Awilix y Jakawitz para ofrendarles pájaros y venados. Pero Tojil, Jakawitz y Awilix tomaron la forma de jóvenes y comenzaron a pedir ofrendas de sangre. El ídolo Nikatakaj ya no volvió a aparecer.

Así comenzó el secuestro de los hombres por B'alam Ki'tze', B'alam Aq'ab', Majukutaj e Iq' B'alam. Regaban la sangre por el camino y dejaban la cabeza separada del cuerpo.

"El jaguar se los comió", decía la gente porque eran como huellas de tigre lo que dejaban en el suelo. Así comenzó el rapto y la muerte de la gente que viajaba sola por los caminos.

Los pueblos se dieron cuenta que B'alam Ki'tze', B'alam Aq'ab', Majukutaj e Iq' B'alam estaban con Tojil, Jakawitz y Awilix, y decidieron buscarlos y derrotarlos. Entonces celebraron concejo y los pueblos y sus jefes dijeron:

"Que todos se levanten, que se llame a todos, que no haya un grupo, ni dos grupos de entre nosotros que se quede atrás de los demás".

Así se reunieron todos y se preguntaron:

"¿Cómo haremos para vencer a los k'iche's de Kawek que están acabando con nuestros hijos? ¿Acaso no hay bastantes hombres entre nosotros?"

Y algunos dijeron haber visto a Tojil, Jakawitz y Awilix bañarse todos los días en el río.

"Si los que se bañan son los jóvenes Tojil, Jakawitz y Awilix entonces habrá que vencerlos primero. Luego derrotaremos a B'alam Ki'tze', B'alam Aq'ab', Majukutaj e Iq' B'alam, pues no tendrán a sus protectores", dijeron.

"¿Pero, cómo los derrotaremos?", preguntaron otros.

"Enviemos a dos hermosas jóvenes a lavar al río donde se bañan Tojil, Jakawitz y Awilix para seducirlos", dijeron los señores.

Buscaron entre sus hijas a dos de las muchachas más hermosas y les dijeron:

"Vayan a lavar ropa al río, y si ven a los muchachos desnúdense ante ellos para atraerlos. Si preguntan quiénes son ustedes, díganles que son hijas de los señores. Entonces pídanles alguna cosa para traernos como prueba de que los han visto".

Esto dijeron a las dos hermosas jóvenes que enviaron, cuyos nombres son: Ixtaj e Ixpuch'.

Se fueron las dos muchachas al río a lavar y cuando ya estaban desnudas para bañarse llegaron Tojil, Awilix y Jakawitz. Pero no sintieron deseo por ellas.

"¿Por qué han venido a este río donde nosotros nos bañamos?", preguntó Tojil.

Ellas respondieron: "Los señores nos enviaron para verles la cara a ustedes. Traigan la prueba de que les han visto la cara, nos ordenaron".

"Está bien, les enviaremos la prueba de que nos han visto", dijo Tojil.

Luego Tojil dijo a B'alam Ki'tze', B'alam Aq'ab', Majukutaj e Iq' B'alam que pintaran cuatro mantas para dárselas a las doncellas. B'alam Ki'tze' pintó un jaguar en la manta, B'alam Aq'ab' pintó un águila, y Majukutaj pintó avispas y tábanos. Así llevaron tres mantas para dárselas a las doncellas del río. Sólo Iq' B'alam no pintó manta alguna.

"Aquí esta la prueba de que hablaron con Tojil. Lleven estas mantas a los señores y que las usen", dijeron B'alam Ki'tze', B'alam Aq'ab' y Majukutaj.

Las dos muchachas regresaron con las tres mantas y los Señores se contentaron.

"¿Le han visto la cara a Tojil, Awilix y Jakawitz?"

"Sí, los hemos visto", dijeron ellas. Luego tendieron las mantas pintadas con el jaguar, el águila y con tábanos y avispas. Las pinturas eran tan extraordinarias que los señores tuvieron deseos de ponérselas.

Entonces el señor principal se puso la primera capa pintada con un jaguar y nada pasó. Luego se probó la segunda capa pintada con un águila y nada pasó. Pero cuando el señor se puso la manta pintada de tábanos y avispas, de inmediato las avispas y los tábanos comenzaron a picarle todo el cuerpo. El señor comenzó a gritar por el dolor que le causaban las picaduras de avispas de la capa que había pintado Majukutaj.

Así fueron vencidos los señores por B'alam Ki'tze', B'alam Aq'ab', Majukutaj e Iq' B'alam.

Los pueblos volvieron a celebrar concejo y acordaron destruir a B'alam Ki'tze', B'alam Aq'ab', Majukutaj e Iq' B'alam.

"Nos armaremos de arcos, flechas y escudos y los venceremos. Que no haya uno, ni dos entre nosotros que se quede atrás de los demás", dijeron los jefes de los pueblos.

Los guerreros volvieron a organizarse para atacar a B'alam Ki'tze', B'alam Aq'ab', Majukutaj e Iq' B'alam, que se habían establecido en la punta del monte Jakawitz. Pero pronto hicieron una muralla de lajas alrededor de su ciudad. Luego hicieron unos muñecos que colocaron sobre esa muralla. Estos muñecos parecían hombres porque los adornaron y les pusieron lanzas y escudos en sus manos. Entonces le preguntaron a Tojil si iban a ser vencidos por el enemigo.

"No se preocupen, nada les pasará mientras yo esté con ustedes", dijo Tojil. Luego fueron a buscar avispas y tábanos que pusieron en cuatro calabazas grandes que colocaron en cada esquina de la muralla y se escondieron. Desde lejos los espías de los pueblos veían la muralla protegida por muy pocos guerreros, los muñecos que parecían hombres desde lejos.

B'alam Ki'tze', B'alam Aq'ab', Majukutaj e Iq' B'alam estaban en la montaña junto con sus mujeres y sus hijos cuando llegaron los guerreros. Eran incontables los guerreros que se acercaron silbando y gritando al pie de la montaña. Poco faltaba para que entraran a la ciudad, cuando abrieron las cuatro calabazas grandes donde tenían a las avispas y a los tábanos que salieron como humo para atacar a los guerreros que subían por las faldas del cerro. Hundían sus aguijones directamente en las niñas de los ojos de los guerreros y les picaban la cara, las orejas y la nariz. Así fueron vencidos los guerreros a causa de estos insectos venenosos. Incluso las esposas de B'alam Ki'tze', B'alam Aq'ab', Majukutaj e Iq' B'alam salieron a atacar y a matar a los guerreros que yacían en el suelo sin sentido por las picaduras de las avispas. De esta forma se rindieron todas las tribus y se convirtieron en tributarios de los k'iche's.

LA DESPEDIDA DE LOS PRIMEROS PADRES

Ahora contaremos la muerte de B'alam Ki'tze', B'alam Aq'ab', Majukutaj e Iq' B'alam. B'alam Ki'tze' tuvo dos hijos que se llamaron: Kokab'ib' y Kokawib'. B'alam Aq'ab' también tuvo dos hijos: Ko'akul y Ko'akutek. Majukutaj solamente tuvo un hijo que se llamó Ko'ajaw. Iq' B'alam no tuvo hijos ni descendencia. Cuando estos cuatro primeros padres presintieron su muerte, le hablaron a sus hijos aconsejándoles:

"Hijos nuestros, nosotros nos vamos y les dejamos sabias recomendaciones y consejos. Nosotros tendremos que regresar al lugar de donde venimos, pues hemos cumplido nuestra misión. Piensen en nosotros y no nos olviden. Ustedes volverán a ver sus hogares y montañas. Vivan allí y multiplíquense".

Luego B'alam Ki'tze' dejó una señal de su presencia entre su gente. Ésta era un bulto llamado P'isom Q'aq'al, cuyo contenido era invisible. Así desaparecieron los cuatro primeros padres allá, en la cima del monte Jakawitz donde permanecieron sus hijos.

Así se originó la gente Kawek. Ellos siempre guardaron el bulto que B'alam Ki'tze' les dejó como señal de que siempre estaría con ellos.

Después de la muerte de sus padres, Kokab'ib', Ko'akutek y Ko'ajaw decidieron ir al Oriente de donde vinieron sus padres. Ellos fueron al otro lado del mar y fueron a ver al gran señor Nakxit, quien les dio las insignias y las pinturas que trajeron de Tulan. La gente se contentó cuando Kokab'ib',

Ko'akutek y Ko'ajaw regresaron a su pueblo después del largo viaje.

Poco después, allí en la punta del cerro Jakawitz murieron también las mujeres de B'alam Ki'tze', B'alam Aq'ab', Majukutaj e Iq' B'alam.

Entonces, todos abandonaron Jakawitz y buscaron otros lugares para establecerse. Fundaron la ciudad de Chi K'ix, pero luego emigraron a diferentes territorios y fundaron otras ciudades.

Así fundaron la ciudad de Chi Ismachi donde vivieron en paz. No tuvieron guerras, pues sólo felicidad había en sus corazones. Poco después, los de Ilokab' se levantaron en contra del rey Kotuja de los k'iche's. Pero el rey Kotuja los capturó y fueron sometidos por los k'iche's. Allí fue donde se originaron las guerras y los k'iche's comenzaron a dominar a los pueblos pues las tres Casas Grandes de los Kawek, Nijaib' e Ilokab' estaban unidas. Y entre estos pueblos buscaban las esposas para sus hijos.

Después de abandonar Chi Ismachi', llegaron a otro lugar donde fundaron la ciudad de Q'umarkaj. Ésta era la quinta generación de los hombres desde que fueron engendrados por los primeros cuatro padres y madres. En Q'umarkaj volvieron a dividirse pues ya no había matrimonios entre sus pueblos.

La grandeza del pueblo k'iche' creció a causa de los prodigios de su rey Q'uk'umatz. Q'uk'umatz se convertía en tigre, en águila y en culebra. Otras veces se convertía en sangre coagulada. Todos los otros pueblos y señores le tenían miedo, pues él era muy poderoso. Q'uk'umatz se transformaba en diferentes animales para demostrar su poder y dominar a la gente.

Luego surgió el rey K'iq'ab' quien también fue muy poderoso y era de la septima generación. La gente comenzó a aborrecer a K'iq'ab' porque este rey comenzó a esclavizar a los pueblos y a obligarlos a pagar tributos.

Q'uk'umatz, Kotuja, K'iq'ab' y Kawisimaj eran reyes muy poderosos. Ellos sabían cuándo se debía hacer la guerra y cuándo había hambre o mortandad. Eran hombres muy sabios pues veían todo esto en un libro que ellos llamaban Popol Vuj. Los reyes también ayunaban y rezaban constantemente a Tojil, pidiendo por la felicidad de sus hijos e hijas.

"¡Oh tú, hermosura del día! ¡Oh tú, Corazón del Cielo, Corazón de la Tierra! ¡Tú el dador de la vida y de los hijos y las hijas! Concédele la vida a nuestros hijos y que se multipliquen. Que no encuentren peligro delante o detrás de ellos. Concédeles buenos caminos y que no tengan infortunios sino mucha alegría. Que sea buena la existencia de los que te dan el sustento, ¡oh, Corazón del Cielo, Corazón de la Tierra!"

Uno sólo fue el origen de la tradición y el origen de las costumbres de todos los pueblos.

GENEALOGÍA DE LOS REYES K'ICHE'S

A continuación damos a conocer la descendencia de los cuatro primeros padres: B'alam Ki'tze', B'alam Aq'ab', Majukutaj e Iq' B'alam.

B'alam Ki'tze', primer hombre creado. Tronco de los k'iche's de Kawek.
Kokawib' y Kokab'ib', segunda generación.
B'alam K'onache, tercera generación.
Kotuja e Istayub', cuarta generación.
Q'uk'umatz y Kotuja, principio de los reyes prodigiosos, quinta generación.
Tepepul e Istayub', sexta generación.
K'iq'ab' y Kawisimaj, séptima generación.
Tepepul e Istayub', octava generación.
Tekum y Tepepul, novena generación.
Wajxaqib' K'am y K'iq'ab', décima generación.
Wuqub' Noj y Ka'utepech, undécima generación.
Oxib' Kej y B'elejeb' Tzi, duodécima generación. Éstos fueron los que reinaban cuando llegó Tonatiuj, Pedro de Alvarado, el conquistador español. Ellos fueron ahorcados por los españoles.
Tekum y Tepepul, pagaron tributo a los españoles, decimotercera generación.
Don Juan de Rojas y don Juan Cortés, decimocuarta generación.

B'alam Aq'ab', segundo hombre creado. Tronco de los k'iche's de Nijaib'.

Ko'akul y Ko'akutek, segunda generación.

Kochahu y Kotzibaha', tercera generación.

B'elejeb' Kej [I], cuarta generación.

Kotuja [I], quinta generación de reyes.

B'atz'a, sexta generación.

Istayub', séptima generación.

Kotuja [II], octava generación.

B'elejeb' Kej [II], novena generación.

Kema', décima generación.

Ajaw Kotuja, undécima generación.

Don Cristóbal, reinó en tiempos de los españoles, duodécima generación.

Don Pedro de Robles, décimotercera generación.

Majukutaj, tercer hombre creado. Tronco de los Ajaw K'iche's

Ko'ajaw, segunda generación.

Kaqlaqan, tercera generación.

Kokosom, cuarta generación.

Komajkun, quinta generación.

Wuqub' Aj, sexta generación.

Kokamel, séptima generación.

Koyabakoj, octava generación.

Winaq B'am, novena generación.

Iq' B'alam, cuarto hombre creado. No tuvo descendencia.

Ésta es la historia antigua de los mayas k'iche's que fue escrita en el libro llamado Popol Vuj. Este libro existía antiguamente pero se ha perdido y ya no hay dónde leer estas historias. Ahora la hemos vuelto a escribir para que se sepa la historia de los antiguos reyes y sus descendientes que todavía viven en el pueblo que hoy se llama Santa Cruz del Quiché.

GLOSARIO DE TÉRMINOS

La transliteración de las palabras en k'iche' sigue el uso recientemente codificado por la Academia de las Lenguas Mayas en Guatemala.

En el Popol Vuj original hay diferentes maneras de nombrar a los seres. Por ejemplo, Corazón del Cielo, Corazón de la Tierra a veces se llama simplemente Corazón del Cielo. Igualmente hay eventos que no se explican, como la desaparición del ídolo Nikatakaj. En estas instancias el autor ha respetado al original.

Actualmente en Guatemala el Popol Vuj tambien se nombra Pop Wuj. En este caso se ha retenido el título tradicional.

DIOSES

Awilix. Ídolo que B'alam Aq'ab' trajo de Tulan. A veces aparece como un joven.

Corazón del Cielo, Corazón de la Tierra. Forma poética de nombrar a Dios.

Ixmukane. Nombre de la primera abuela; ancestro mítico.

Ixpiyakok. Nombre del primer abuelo; ancestro mítico.

Ixtoj, Ixq'anil, Ixkakaw. Patronas o diosas de la agricultura.

Jakawitz. Ídolo que Majukutaj trajo de Tulan. La montaña Jakawitz es nombrada en su honor. A veces aparece como un joven.

Nakxit. El gran señor de Tulan donde fueron los primeros padres a recoger sus insignias e ídolos.

Nikatakaj. Nombre del ídolo traído desde Tulan por Iq' B'alam. No vuelve a aparecer después de ser convertido en piedra por el sol.

Q'uk'umatz. Nombre de uno de los Creadores y Formadores; serpiente con plumas de quetzal.

Saqi Nim Ak', Saqi Nima Tz'i'. Nombre de los Creadores y Formadores cuando aparecen como un anciano o una anciana.

Tepew. Nombre de uno de los Creadores y Formadores.

Tojil. Ídolo que B'alam Ki'tze' trajo de Tulan. A veces aparece como un joven.

SEMIDIOSES

Chimalmat. Mujer mítica, esposa de Wuqub' K'aqix.

Chitik. Nombre de un baile antiguo, "el baile de los zancos".

Ixb'alanke. Uno de los gemelos prodigiosos; tiene parches de piel de jaguar en su cuerpo; hijo de Jun Junajpu e Ixkik'; gemelo de Junajpu.

Ixkik'. Madre de los gemelos prodigiosos.

Jun B'atz'. Nombre de uno de los hijos de Jun Junajpu, significa "un mono".

Jun Ch'owem. Nombre del otro hijo de Jun Junajpu, significa "el que pone las cosas en orden".

Jun Junajpu. Uno de los primeros gemelos y padre de los gemelos prodigiosos cuyo nombre significa "cerbatanero"; gemelo de Wuqub' Junajpu.

Junajpu. Uno de los gemelos prodigiosos; tiene lunares en la piel; hijo de Jun Junajpu e Ixkik'; gemelo de Ixbalanke.

Kab'raqan. Nombre del segundo hijo de Wukub K'aqix, "el que derrumba las montañas".

Sipakna. El primer hijo de Wuqub' K'aqix. El gigante que dice ser el creador de las montañas.

Tizate. Tierra blanca, substancia que los gemelos usaron para derrotar a Kab'raqan.

Wuqub' Junajpu. Uno de los primeros gemelos; tío de los gemelos prodigiosos; gemelo de Jun Junajpu.

Wuqub' K'aqix o "Siete Guacamayas". El ser mítico y vanidoso que se creía el sol y la luna; padre de Sipakna y Kab'raqan.

Xulu' y Paq'am. Los dos sabios y adivinos que aconsejaron a los señores de Xib'alb'a que molieran los huesos de Junajpu e Ixb'alanke y los tiraran al río.

XIB'ALB'A

Ajalk'ana'. Señor de Xib'alb'a, "señor de la fiebre".

Ajalmes. Señor de Xib'alb'a. Su oficio era causar la muerte repentina con ataques al corazón.

Ajalpuj. Señor de Xib'alb'a, "señor de las llagas con pus".

Ajaltoq'ob'. Señor de Xib'alb'a, "el que causa miseria".

Chamiyab'aq. Señor de Xib'alb'a, "el señor de los huesos". Hacía enflaquecer a la gente.

Chamiyajom. Señor de Xib'alb'a, compañero de Chamiyab'aq; "el señor calavera".

Jun Kame. Señor principal o jefe de Xib'alb'a, su nombre significa "señor de la muerte".

Kik're. Nombre de uno de los señores de Xib'alb'a, compañero de Kik'rixk'aq.

Kik'rixk'aq. Nombre de uno de los señores de Xib'alb'a, compañero de Kik're.

Kik'xik'. Nombre de uno de los señores de Xib'alb'a, compañero de Patan.

Kuchumakik'. Señor de Xib'alb'a. Significa: "sangre reunida". Causaba vómitos de sangre en los hombres. Padre de la princesa Ixkik'.

Los señores de Xib'alb'a. Los señores que viven en el inframundo y que le causan diferentes enfermedades a los humanos sobre la tierra.

Patan. Nombre de uno de los señores de Xib'alb'a, compañero de Kik'xik'. Causaba desgracias a los hombres en los caminos.

Wuqub' Kame. El segundo señor principal de Xib'alb'a.

Xib'alb'a. El lugar del miedo, ubicado en el inframundo. Lugar donde fueron a jugar a la pelota los gemelos.

Xikiripat. Señor de Xib'alb'a. Causaba vómitos de sangre en los hombres.

MUNDO DE LOS HUMANOS

B'alam Aq'ab'. El segundo de los hombres creados de maíz.

B'alam Ki'tze'. El primer hombre creado de maíz.

Cerbatana. Pedazo de madera larga, rolliza y con agujero para tirar pájaros.

Chicha. Bebida alcohólica que se obtiene de la fermentación del maíz.

Chomija'. La esposa de B'alam Aq'ab', una de las primeras mujeres creadas.

Holi, holi, huki, huki. El sonido que hace la piedra de moler al desquebrajar y moler el maíz.

Iq' B'alam. El cuarto hombre creado de maíz

Ixpuch' e Ixtaj. Las muchachas que fueron enviadas al río a seducir a Tojil, Jakawitz y Awilix.

Kaja' Paluma'. Una de las cuatro primeras mujeres creadas, esposa de B'alam Ki'tze'.

K'aqixaja'. La cuarta mujer creada, esposa de Iq' B'alam.

Kaqchikeles. Una de las naciones mayas de Guatemala. Según el Popol Vuj emigraron con los k'iche's.

K'iche'. Una nación maya de Guatemala. Los k'iche's son descendientes de los mayas antiguos y su idioma es el k'iche'.

Kojaj. Aliados de los k'iche's que llegaron del oriente.

Majukutaj. Nombre del tercer hombre creado.

P'isom Q'aq'al. Bulto que B'alam Ki'tze' dejó a su gente y cuyo contenido es invisible.

Popol Vuj. Libro sagrado de los maya k'iche'. Llamado también El Libro del Consejo. Popol significa poder, o sagrado, y vuj, significa papel o libro. Actualmente se dice Pop Wuj en idioma k'iche'.

Tamub'. Uno de los pueblos k'iche's que salieron de Tulan.

Tepew Olomanes. Ellos fueron los olmecas que vivieron en Veracruz, México.

Tz'ununija'. Una de las primeras mujeres creadas. Esposa de Majukutaj.

ANIMALES

Cantil. Serpiente venenosa.

Ib'oy. El armadillo.

Ixmukur. La paloma del monte.

Joj. El cuervo.

Kamalotz. El vampiro.

K'el. La cotorra.

K'eletzu. Nombre del pájaro que canta al amanecer.

Kilitz, kilitz. Ruido que producen los murciélagos.

Kotz'b'alam. El jaguar.

K'u'x. La comadreja.

Pizote. Mamífero que tiene una nariz larga y flexible. Se le conoce también como tejón.

Pujuy. El mochuelo, una especie de lechuza. El nombre es la imitación del ruido que produce esta ave nocturna.

Sakikaz. Serpiente.

Sotz'il. El murciélago. La gente de sotz', uno de los pueblos mencionados en el Popol Vuj.

Tamasul. El sapo.

Tukum b'alam. El puma.

Utiw. El coyote.

Wak. El gavilán.

Xa'n. El zancudo o mosquito que picando a los señores Xib'alb'a descubrió sus nombres.

Xek'otk'owach. El buitre o el zopilote.

Yak. El gato de monte.

PLANTAS

Chik'te'. Árbol mágico. Su savia se endureció tomando la forma del corazón de la princesa Ixkik' para salvar su vida.

Chipilín. Planta soporífera de hojas comestibles.

Ek'. Bromelia, planta parásita que crece en los árboles. También se llama pie de gallo.

Ocote. Raja resinosa de pino que se usa para prender fuego o como antorcha.

Tz'ite'. Semilla de color rojo que se usa para la adivinación.

LUGARES

Chi Pixab'. Montaña donde los pueblos ayunaron.

K'ayala'. Uno de los lugares donde fue encontrado el maíz.

Meaván. Nombre de la montaña donde Sipakna fue convertido en piedra, situada cerca del pueblo de Rabinal en el norte de Guatemala.

Motz. Nombre de la constelación de las Siete Cabrillas, significa "montón".

Paxil. Uno de los lugares donde se encontró el maíz.

Q'umarkaj. El nombre maya de la antigua capital de los k'iche's. Hoy llamada Santa Cruz del Quiché.

Tulan. Ciudad de donde emigraron los pueblos k'iche's que se establecieron en las tierras altas de Guatemala, según el Popol Vuj. También llamada Tulan Suiwa, "la cueva de Tulan".